の内容や論展開、要旨を整理したものを用意しました。要点となる箇所を埋めていく空欄補充形式で、本文全体の構成や展開、内容を把握することができます。

⑤内容の理解　客観問題と記述問題とをバランスよく用意し、本文読解にあたって、重要な点を押さえられるようにしました。

◇教科書の学習と関連づける

⑥帯　「漢字・語句」の上部に教科書の本文掲載ページ・行を示す帯、「内容の理解」の上部に意味段落を示す帯を付け、教科書と照合しやすくしました。

⑦脚問・学習　教科書の「脚問」「学習の手引き」と関連した問いの下部に、アイコン（▼脚問1）を付けました。

◆本書の特色

❶新傾向問題　「内容の理解」で、最近の入試傾向をふまえ、会話形式や条件付き記述などの問いを、適宜設定しました。

❷活動　教科書収録教材を主体的に学習する特集ページを設けました。

❸ウェブコンテンツ　漢字の設問を、ウェブ上で繰り返し取り組めるように、二次元コードを設置しました。

❹付録　実用文・グラフ等を読み解く際のポイント解説と実践問題を用意しました。

表現編

新傾向の設問はデザインを変え、わかりやすく表示しています。

JN102807

物事の捉え方

「生きもの」として生きる　中村　桂子　2
「本当の自分」幻想　平野啓一郎　6

人間と文化

水の東西　山崎　正和　10
活動『水の東西』を表現の工夫に着目して読む　港　千尋　14
無彩の色　16

論理分析

「間」の感覚　高階　秀爾　20
日本語は世界をこのように捉える　小浜　逸郎　24

言葉と情報

ものとことば　鈴木　孝夫　28
現代の「世論操作」　林　香里　32

科学と人間

「文化」としての科学　池内　了　36
生と死が創るもの　柳澤　桂子　40

論理分析

「私作り」とプライバシー　阪本　俊生　44
AIは哲学できるか　森岡　正博　47

社会と人間

不均等な時間　内山　節　50
フェアな競争　内田　樹　54

現代と社会

グローバリズムの「遠近感」　上田　紀行　58
ロビンソン的人間と自然　村岡　晋一　62

論理分析

デザインの本意　原　研哉　66
「動機の語彙論」という視点　鈴木　智之　70

表現編

話して伝える　74
書いて伝える①　76
書いて伝える②　79
書いて伝える③　81

付録

さまざまな資料を読み解く（解説）　82
管理規約などを読み、ペット飼育について考える（実践問題①）　84
データを読み、商品の企画を考える（実践問題②）　87

プラスウェブ

下にある二次元コードから、ウェブコンテンツの一覧画面に進むことができます。

https://dg-w.jp/b/ad40001

「生きもの」として生きる（中村桂子）

教科書 p.12～p.17

検印

漢字

知識・技能

1 太字の仮名を漢字に直しなさい。

- p.12 ℓ.1 ①現代社会のきばん〔　　〕。
- p.12 ℓ.6 ②しんせん〔　　〕な空気。
- p.12 ℓ.8 ③時計をなが〔　　〕める。
- p.13 ℓ.4 ④文明をてんかん〔　　〕する。
- p.13 ℓ.14 ⑤れいぞうこ〔　　〕に入れる。
- p.13 ℓ.14 ⑥しょうみ〔　　〕期限を確認する。
- p.14 ℓ.4 ⑦えいせい〔　　〕的な場所。
- p.14 ℓ.4 ⑧工場でせいぞう〔　　〕する。
- p.14 ℓ.10 ⑨食品がふはい〔　　〕する。
- p.14 ℓ.10 ⑩きけん〔　　〕性を知る。
- p.14 ℓ.12 ⑪びょうげんきん〔　　〕や毒物。
- p.15 ℓ.5 ⑫数字をいんさつ〔　　〕する。
- p.15 ℓ.6 ⑬数字にふ〔　　〕り回される。
- p.15 ℓ.12 ⑭ふんいき〔　　〕がよい。
- p.16 ℓ.2 ⑮感覚がにぶ〔　　〕る。
- p.16 ℓ.4 ⑯機械にたよ〔　　〕る。
- p.16 ℓ.6 ⑰具体策をていあん〔　　〕する。

2 太字の漢字の読みを記しなさい。

- p.12 ℓ.8 ①腕〔　　〕の時計を見る。
- p.12 ℓ.9 ②地下街〔　　〕を歩く。
- p.12 ℓ.9 ③人工の照明〔　　〕。
- p.13 ℓ.1 ④社会を変革〔　　〕する。
- p.13 ℓ.6 ⑤自然再生〔　　〕エネルギー。
- p.13 ℓ.7 ⑥必要性を唱〔　　〕える。
- p.13 ℓ.9 ⑦解決を図〔　　〕る。
- p.13 ℓ.11 ⑧期限を越〔　　〕える。
- p.13 ℓ.14 ⑨科学的と称〔　　〕する。
- p.14 ℓ.6 ⑩科学を盲信〔　　〕する。
- p.14 ℓ.7 ⑪微生物〔　　〕の活動。
- p.14 ℓ.9 ⑫科学による保証〔　　〕。
- p.14 ℓ.14 ⑬科学に触〔　　〕れる。
- p.15 ℓ.8 ⑭生きものを比〔　　〕べる。
- p.16 ℓ.1 ⑮嗅覚〔　　〕が鋭い。
- p.16 ℓ.6 ⑯自律〔　　〕的な生き方。
- p.16 ℓ.8 ⑰一事が万事〔　　〕。

語句

知識・技能

1 次の太字の語句の意味を調べなさい。

- p.12 ℓ.9 ①このホールは終日禁煙です。〔　　　　　〕
- p.14 ℓ.14 ②安全を保証する。〔　　　　　〕
- p.16 ℓ.6 ③自律的な生き方をする。〔　　　　　〕

2 次の空欄にあとから適語を選んで入れなさい。

- p.12 ℓ.8 ①熱心に練習した。〔　　　〕試合に負けた。
- p.12 ℓ.3 ②議論が決裂してしまった。〔　　　〕多数決で決めた。
- p.13 ℓ.7 ③高性能で、〔　　　〕安い機械。
- p.13 ℓ.12 ④学校を休んだ。〔　　　〕熱があるからだ。

（しかも　しかし　なぜなら　そこで　）

3 次の語句を使って短文を作りなさい。

- p.13 ℓ.4 ①切り口〔　　　　　〕
- p.15 ℓ.13 ②鵜呑み〔　　　　　〕

■ 論理の把握

① 空欄に本文中の語句を入れて、内容を整理しなさい。　思考力・判断力・表現力　▼学習一

第一段落 (初め〜p.13 ℓ.2)	第二段落 (p.13 ℓ.3〜ℓ.9)	第三段落 (p.13 ℓ.10〜ℓ.16)	第四段落 (p.14 ℓ.1〜p.15 ℓ.16)	第五段落 (p.16 ℓ.1〜終わり)
現代社会の問題点	主題の提示	主張を支えるための例示	反論を想定しての考察	まとめ
【問題点】現代社会は「人間は〔ア　　〕であり、自然の中にある。」という考えを基盤にしてでき上がっていない。 ——日常のあり方を変革し、皆が当たり前に〔ウ　　〕を感じられる社会を作ればよいが、近代文明社会を一気に〔イ　　〕するのは難しい。	【提案】一人一人が「自分は生きものである」という〔エ　　〕を持つことから始め、少しずつ〔オ　　〕を変え、社会を変えていきませんか。	〔カ　　〕の大事な役割 ——私自身生物学を学んだことで、「生きものである」という〔ク　　〕を身につけることができた。 例：賞味期限を越えた食べ物がまだ食べられるかどうか、自分の鼻で、舌で、〔キ　　〕をすべて否定するのではなく、〔ケ　　〕で手で〔　　〕する。	【反論の想定】鼻や舌などの「感覚」で判断することは非科学的であり、〔コ　　〕で表せるような「科学的」な方法で判断するべきではないか。 【考察】科学への〔サ　　〕…自分で考えず科学という言葉に任せているだけに見える。「科学が保証してくれているはず」という雰囲気の中で、何も考えずに数字を〔シ　　〕にするのではなく、〔ス　　〕であることを忘れずに、その力を生かすことが必要ではないか。	「人間は生きものである」＝〔セ　　〕ことを基本に置く生き方＝〔ソ　　〕を知ったうえで、機械だけに頼らず、生きものとしての感覚をも活用する生き方＝〔タ　　〕的な生き方 生きものとしての感覚を生かすと生活や社会が変わるはずである。常に自分で考え、自身の行動に〔チ　　〕を持ち、〔　　〕的な暮らし方をすることが、「生きものとして生きる」ことの第一歩である。

「生きもの」として生きる

■ 要　旨

① 空欄に本文中の語句を入れて、全体の要旨を整理しなさい。　思考力・判断力・表現力

現代社会が「人間は〔ア　　〕であり、自然の中にある」という考えを基盤としていないことは問題である。まずは一人一人が「自分は生きものである」という〔イ　　〕を持ち、日常生活を変え、社会を変えていけばよいのだが、人々は「科学的」な判断方法を〔ウ　　〕し、自らの「感覚」で判断することを怠っているのではないか。〔エ　　〕を知ったうえで、生きものとしての感覚をも活用することによって、人々の生活や〔オ　　〕は変わっていくはずである。

② 右を参考にして、要旨を百字以内にまとめなさい。

内容の理解 思考力・判断力・表現力

1 「この当たり前のこと」（三・4）とはどのようなことか。解答欄の形式に合うように、本文中から十八字で抜き出しなさい。

　　　……こと。

2 「その日常のあり方」（三・1）を具体的に述べているひと続きの二文を本文中から抜き出し、初めと終わりの五字で答えなさい。（句読点を含む）

　　　〜

3 新傾向 「ここまで来た近代文明社会」（三・2）とは、どのような社会か。次の条件を満たすように答えなさい。
・全体を二十字以内で書くこと。
・「生きもの」という言葉を用いて、「〜社会。」に続く形で書くこと。

4 筆者は第一段落でどういうことを問題だと述べているか。適当なものを次から選びなさい。 ▼学習一
ア 「人間は生きものであり、自然の中にある」という事実を誰もが知っていること。
イ 私たちの日常生活において、生きものであるという実感が得にくいこと。
ウ 現代社会が時計や人工照明など数多くの科学の恩恵の上に成り立っていること。
エ 生きものにとって、眠ったり食べたり歩いたりという日常が重要であること。

5 「あまり意味がありません。」（三・7）とあるが、その理由として適当なものを次から選びなさい。 ▼脚問1
ア 近代文明社会を一気に変換させるためには、個人ではなく世界的な規模で交換しないと無意味だから。
イ エネルギーについて、脱原発や自然再生エネルギーへの転換を実現するのは不可能だから。
ウ 個人の意識が変わらないまま、社会問題の解決への対策を唱えても実現は難しいから。
エ 生きものとしての感覚は、生物学の分野で学んだ人だけが身につけることのできる感覚だから。

6 「日常をそれで生きていける」（三・13）の「それ」の内容として適当なものを次から選びなさい。
ア 賞味期限についての記載を無視すること。
イ 生物学の分野で学んでおくこと。
ウ 近代文明をすべて否定して生きていくこと。
エ 生きものとしての感覚を身につけていくこと。

7 「自分の鼻で、舌で、手で確認します。」（三・15）とあるが、「鼻」「舌」「手」は、それぞれ何を意味しているか。次からそれぞれ選びなさい。
ア 視覚　イ 嗅覚　ウ 聴覚
エ 味覚　オ 触覚
鼻〔　　〕　舌〔　　〕　手〔　　〕

4

8 「鼻や舌などの『感覚』で判断するとはなんと非科学的な……『科学的』でなければいけないのではないか」（一四・1~2）と言われることについて、次の問いに答えなさい。

(1) 「科学的」の説明として適当でないものを次から選びなさい。

ア 多くの場合、数字で表すことができる。

イ 安全性の目安として絶対的に信頼できる。

ウ 腐敗や毒物の生成などの危険性を知らせることができる。

エ 常にチェックできるわけではなく保証には限界がある。〔　〕

(2) 一般的に「科学的」と称される判断のしかたについて、筆者はどのように感じているか。同じ形式段落の中から二十一字で抜き出しなさい。〔　〕

9 「それに従うことが正しい暮らし方」（一五・6）とあるが、「それ」の示す内容を本文中の語句を用いて三十字以内で説明しなさい。

10 「ただ『科学が保証してくれているはず』という雰囲気の中で、何も考えずに数字を鵜呑みにしている」（一五・10）状態を筆者は何と述べているか。本文中から六字で抜き出しなさい。

11 「その力」（一六・3）とは具体的に何をさすか。本文中から漢字二字で抜き出しなさい。

左余白：「生きもの」として生きる

12 「科学を知ったうえで、……活用する」（一六・3~4）ことを、具体的に述べている部分を、第五段落から四十字以内で抜き出しなさい。

13 「自律的な生き方」（一六・6）とは、どのような生き方か。三十字以内で説明しなさい。 ▼脚問3

14 新傾向 本文に関して四人の生徒が発言している。筆者の主張に合致した発言をしている生徒をすべて選びなさい。

生徒A：どんなに科学が発達しても、生きものであるということを自覚し、その能力を活用することが大事だよ。

生徒B：科学は人間にとって重要な力だけど、科学を盲信するだけの生き方は無責任だよね。

生徒C：今のところ科学は万能ではないのだから、今以上に科学を推し進めて万能の力にすればいいということだね。

生徒D：文明は有害なのだから、なるべく文明に頼らず生きていける生命力を養わなければいけないと思ったよ。

生徒〔　〕

5

「本当の自分」幻想（平野啓一郎）

教科書 p.19〜p.26

検印

漢字

知識・技能

1 太字の仮名を漢字に直しなさい。

- p.19 ℓ4 ①話題をせんたく〔　　　〕する。
- p.19 ℓ7 ②ネットがふきゅう〔　　　〕した。
- p.20 ℓ6 ③一人こどく〔　　　〕に過ごす。
- p.20 ℓ7 ④本音をすいさつ〔　　　〕する。
- p.21 ℓ6 ⑤いわかん〔　　　〕を覚えた。
- p.21 ℓ11 ⑥従うにはていこう〔　　　〕がある。
- p.22 ℓ2 ⑦きゅうくつ〔　　　〕に感じる。
- p.22 ℓ8 ⑧めんどう〔　　　〕な手続き。
- p.22 ℓ9 ⑨土地をぶんかつ〔　　　〕する。
- p.23 ℓ7 ⑩首尾いっかん〔　　　〕した態度。
- p.23 ℓ8 ⑪事実とむじゅん〔　　　〕する。
- p.23 ℓ9 ⑫じょれつ〔　　　〕をつける。
- p.24 ℓ1 ⑬こうちょく〔　　　〕的だ。
- p.24 ℓ5 ⑭大きくへんよう〔　　　〕する。
- p.24 ℓ9 ⑮可能性をはっき〔　　　〕する。
- p.25 ℓ3 ⑯複雑なこうせい〔　　　〕。
- p.25 ℓ5 ⑰要素のひりつ〔　　　〕が変わる。

2 太字の漢字の読みを記しなさい。

- p.19 ℓ2 ①穏〔　　　〕やかな人柄。
- p.19 ℓ3 ②辛辣〔　　　〕に批評した。
- p.20 ℓ13 ③気持ちを偽〔　　　〕る。
- p.20 ℓ14 ④あれこれ詮索〔　　　〕する。
- p.21 ℓ4 ⑤音楽家に詳〔　　　〕しい。
- p.21 ℓ14 ⑥政治談義〔　　　〕で盛り上がる。
- p.21 ℓ16 ⑦恣意〔　　　〕的に決める。
- p.22 ℓ8 ⑧現状を肯定〔　　　〕する。
- p.22 ℓ13 ⑨唯一無二〔　　　〕の友。
- p.22 ℓ14 ⑩英文を翻訳〔　　　〕する。
- p.22 ℓ17 ⑪仮面〔　　　〕をつける。
- p.23 ℓ2 ⑫コミュニケーションを図〔　　　〕る。
- p.23 ℓ13 ⑬目の錯覚〔　　　〕を起こす。
- p.23 ℓ14 ⑭説明に比喩〔　　　〕を用いる。
- p.23 ℓ17 ⑮喜怒哀楽〔　　　〕を表す。
- p.24 ℓ3 ⑯幻想〔　　　〕にすぎない。
- p.24 ℓ8 ⑰美に憧〔　　　〕れる。

語句

知識・技能

1 次の太字の語句の意味を調べなさい。

- p.19 ℓ3 ①辛辣な批評。
- p.20 ℓ11 ②議論が不毛に思えてきた。
- p.22 ℓ8 ③恣意的に決められてしまう。

2 次の語句の対義語を書きなさい。

- p.19 ℓ3 ①饒舌 ↔〔　　　〕
- p.19 ℓ11 ②可視 ↔〔　　　〕
- p.21 ℓ4 ③ネガティブ ↔〔　　　〕
- p.25 ℓ5 ④不変 ↔〔　　　〕

3 次の語句を使って短文を作りなさい。

- p.20 ℓ10 ①一理ある
- p.25 ℓ2 ②四六時中

① 論理の把握

思考力・判断力・表現力

① 空欄に本文中の語句を入れて、内容を整理しなさい。

▼学習二

| 第五段落
(p.24 ℓ.16〜終わり) | 第四段落
(p.23 ℓ.7〜p.24 ℓ.15) | 第三段落
(p.22 ℓ.13〜p.23 ℓ.6) | 第二段落
(p.21 ℓ.6〜 p.22 ℓ.12) | 第一段落
(初め〜p.21 ℓ.5) |

第一段落

現実に知っている友人の姿とネットの中の友人の姿とは必ずしも〔ア　　　〕しない

リアル人格 vs.〔イ　　　〕 ← 人格の真贋論争←どちらも「〔ウ　　　〕」の姿ではないか

第二段落

「個人」が持ついろいろな顔をネガティブに詮索する傾向は、現在でも存在する

コミュニケーション=他者との〔エ　　　〕作業
→会話の内容・口調・気分などは〔オ　　　〕作用の中で決定される
（理由）コミュニケーションの成功には〔カ　　　〕がある
自分の本質すなわち「本当の自分」を、他人から恣意的に〔キ　　　〕される
=自分を矮小化される→窮屈・不安

第三段落

人間にはいくつもの顔があり、〔ク　　　〕次第で自然とさまざまな自分になる

「分人」=〔ケ　　　〕関係ごとのさまざまな自分のこと

第四段落

自我は一つで、あとはキャラや〔コ　　　〕、ペルソナ等にすぎないという考え方
→間違っている（理由）
①誰とも「本当の自分」でコミュニケーションを図れなくなる
②分人は相手との相互作用の中で生じ、変化し得る
③「本当の自分」には実体がなく、〔サ　　　〕にすぎない

第五段落

すべての分人=「本当の自分」
唯一の「本当の自分」という幻想に囚われ、それを探し続ける→苦しみとプレッシャー

人間…対人関係ごとの〔シ　　　〕によって構成されている
その人らしさ…複数の分人の構成〔ス　　　〕によって決定する
→分人の構成比率が変われば〔セ　　　〕も変わる
→個性=唯一不変のものではない・〔ソ　　　〕の存在なしには生じない

「本当の自分」幻想

---

② 要 旨

思考力・判断力・表現力

① 空欄に本文中の語句を入れて、全体の要旨を整理しなさい。

コミュニケーションは〔ア　　　〕との共同作業であり、会話の内容などは〔イ　　　〕作用の中で決定されるため、人は相手次第でさまざまな自分になる。したがって、人間は不可分な〔ウ　　　〕ではなく、いろいろな顔を持つ〔エ　　　〕であり、「本当の〔オ　　　〕」は幻想にすぎない。複数の分人の構成比率によってその人らしさが決定され、構成比率が変われば〔カ　　　〕も変わるため、個性とは〔キ　　　〕の存在なしには生じないものだと言える。

② 右を参考にして、要旨を百字以内にまとめなさい。

内容の理解　思考力・判断力・表現力

1 『アイツ、本当はああいうヤツだったんだなあ。』（二九・6）とあるが、「ああいうヤツ」とはどのような人物のことか。次から選びなさい。

ア　温和であり、もの静かな人物。

イ　多弁であり、手厳しい意見を述べる人物。

ウ　弁が立ち、知識をひけらかす人物。

エ　口が達者で、無責任な発言ばかりする人物。

2 「こういうこと」（二九・7）がさす内容を、本文中の語句を用いて三十五字以内で説明しなさい。

3 「それが可視化された」（二九・11）について、次の問いに答えなさい。

(1)　「それ」とは何をさすか。解答欄の形式に合うように、本文中から十二字で抜き出しなさい。

［　　　　　　　　　　　］ということ。

(2)　「可視化された」とは、ここではどういうことか。次から選びなさい。

ア　インターネットを介して理解できるようになったということ。

イ　インターネットによって無理矢理暴かれてしまったということ。

ウ　インターネット上で見ることができるようになったということ。

エ　インターネットを通して存在を知られるようになったということ。

4 「リアル人格 vs.ネット人格の真贋論争」（三〇・1）における筆者の考えはどのようなものか。本文中から二十字で抜き出しなさい。

［　　　　　　　　　　　］

5 「ネガティブに詮索する」（三〇・4）とはどういうことか。次から選びなさい。

ア　否定的に受けとめて、細かく追及すること。

イ　はれものに触るように、恐る恐る扱うこと。

ウ　悪いものと決めてかかって、あれこれうわさをすること。

エ　調べて検討することに対して、消極的であること。

6 「メタルは今では……止まっている」（三〇・12〜13）にもかかわらず、筆者が「昔のハードロックやヘビーメタルの話で盛り上がった」（三〇・7）のはなぜか。本文中の語句を用いて説明しなさい。

7 「別の顔」（三〇・3）とは、ここではどういうもののことか。本文中から、十字以内で二つ抜き出しなさい。

8 「コミュニケーションは、……決定されてゆく」（三〇・5〜6）ことの例として、適当でないものを次から選びなさい。

ア　上司に対して敬語を使って話す。

イ　相撲好きの祖父に今場所の予想を尋ねる。

ウ　常に明るく元気よく話すことを心がける。

エ　同窓会で恩師の近況が話題になる。

「本当の自分」幻想

9 「その中のどれかの自分を、恣意的に『本当の姿』だと決められてしまう」(三・8)とはどういうことか。次から選びなさい。

ア　その場に合わせて選択した話題や口調などから、自分の本質を勝手に決めつけられてしまうということ。

イ　コミュニケーションをとるうえで、相手にとって常に都合のいい自分でいることを強制されるということ。

ウ　相互作用の中で浮かび上がった自分の姿を、自分の持つさまざまな顔の一つとして相手に捉えられるということ。

エ　会話を通して自分の持つさまざまな面が比較され、その中の一つが真の姿であると判断されてしまうということ。

(2)「間違っている。」とする理由として、適当でないものを次から選びなさい。

ア　常に仮面をつけてコミュニケーションを図り、互いに相手をだまそうとしていることになるから。

イ　分人は相手との相互作用の中で生じるものだが、それをキャラや仮面と捉えることには、表面的で硬直的な印象があるから。

ウ　分人は他者との関係性によって変化するが、その変化について仮面をつけ替えたと説明するのには無理があるから。

エ　他者とコミュニケーションを図る分人には実体があるが、唯一無二の自我というものには実体がないから。

10 「『分人』という新しい単位」(三・4)について説明した次の文章の空欄にあてはまる語句を、本文中から抜き出して答えなさい。▶脚問4

分人とは、〔 ① 〕ごとのさまざまな〔 ② 〕のことである。人間は、唯一無二の〔 ③ 〕ではなく、〔 ④ 〕の分人によって構成されているとし、人間を〔 ⑤ 〕存在と見なすのが、分人という新しい単位である。

| ① |
| ② |
| ③ |
| ④ |
| ⑤ |

11 「この考え方は間違っている。」(三・11)について、次の問いに答えなさい。

(1)「この考え方」を説明している部分を、本文中から五十字程度で抜き出し、解答欄の形式に合うように、初めと終わりの五字で答えなさい。

人間にはいくつもの顔があるが、〔　　　　　〕〜〔　　　　　〕とする考え方。

12 「それは結局、幻想にすぎない。」(三・8)の「それ」がさすものを、本文中から抜き出しなさい。

13 「その自分」(三・14)とはどのような自分か。本文中から十五字以内で抜き出しなさい。

14 新傾向　本文の内容に合致する発言を次から選びなさい。

生徒A：親友との間であれば、自分の持つすべての分人を共有することができるんじゃないかな。

生徒B：唯一無二の「本当の自分」という実体のないものを探し求めている人が多いような気がするよ。

生徒C：人の個性というものは、その人がいくつの分人を持っているかによって決まるんだよね。

生徒D：他者と比較することによって個性は確認されるけれど、その個性も変わっていくよね。

生徒〔　　〕

水の東西（山崎正和）

教科書 p.28〜p.33

桁印

漢字

1　太字の仮名を漢字に直しなさい。

①きんちょう〔　　　〕が高まる。
②ぐらりとかたむ〔　　　〕く。
③たんじゅん〔　　　〕なリズム。
④くぐもったおんきょう〔　　　〕。
⑤時をきざ〔　　　〕む。
⑥人をしょうかい〔　　　〕する。
⑦噴水のむ〔　　　〕れ。
⑧バロックちょうこく〔　　　〕。
⑨池をほ〔　　　〕る。
⑩間がぬ〔　　　〕ける。
⑪空気がかわ〔　　　〕く。
⑫あっしゅく〔　　　〕する。
⑬ねんど〔　　　〕をこねる。
⑭西洋人とちが〔　　　〕う。
⑮感性がうら〔　　　〕づける。
⑯じゅどう〔　　　〕的な態度。
⑰だんぞく〔　　　〕する音。

（p.28 ℓ.3／ℓ.4／ℓ.6／ℓ.8／ℓ.8　p.29 ℓ.3／ℓ.5／ℓ.11／ℓ.13／ℓ.16　p.31 ℓ.1／ℓ.1／ℓ.3／ℓ.5／ℓ.5　p.32 ℓ.9）

2　太字の漢字の読みを記しなさい。

（知識・技能）

①緩〔　　　〕やかなリズム。
②徒労〔　　　〕が繰り返される。
③庭の静寂〔　　　〕。
④鹿おどしの仕掛〔　　　〕け。
⑤待合室〔　　　〕で見る。
⑥素朴〔　　　〕な響き。
⑦長い間隔〔　　　〕。
⑧華〔　　　〕やかな噴水。
⑨至〔　　　〕る所に噴水がある。
⑩趣向を凝〔　　　〕らす。
⑪ローマの郊外〔　　　〕。
⑫添〔　　　〕えものにすぎない。
⑬林立〔　　　〕する噴水。
⑭揺〔　　　〕れ動く。
⑮表情に乏〔　　　〕しい。
⑯水を鑑賞〔　　　〕する。
⑰行為の極致〔　　　〕。

（p.28 ℓ.2／ℓ.3／ℓ.6／ℓ.7／ℓ.8／ℓ.10　p.29 ℓ.7／ℓ.12／ℓ.13／ℓ.13／ℓ.14／ℓ.15／ℓ.16　p.31 ℓ.10／ℓ.12　p.32 ℓ.8／ℓ.11）

語句

（知識・技能）

1　次の太字の語句の意味を調べなさい。

①けだるさを感じる。　p.28 ℓ.1
②名のある庭園。　p.29 ℓ.12
③趣向を凝らす。　p.29 ℓ.13

2　次の語句の対義語を書きなさい。

①単純〔　　　〕↔〔　　　〕　p.28 ℓ.6
②有利〔　　　〕↔〔　　　〕　p.28 ℓ.7
③人工〔　　　〕↔〔　　　〕　p.28 ℓ.14
④外面的〔　　　〕↔〔　　　〕　p.31 ℓ.15
⑤受動的〔　　　〕↔〔　　　〕　p.32 ℓ.5
⑥積極的〔　　　〕↔〔　　　〕　p.32 ℓ.5

3　次の語句を使って短文を作りなさい。

①いやがうえにも　p.28 ℓ.8
②さながら　p.29 ℓ.16

水の東西

1 論理の把握

① 空欄に本文中の語句を入れて、内容を整理しなさい。

思考力・判断力・表現力

第四段落 (p.32 ℓ.2〜終わり)	第三段落 (p.31 ℓ.2〜p.32 ℓ.1)	第二段落 (p.29 ℓ.1〜p.31 ℓ.1)	第一段落 (初め〜p.28 ℓ.11)

[東]

鹿おどし の紹介

↓〔 ア 〕ものを感じさせる

単純な、緩やかなリズムの繰り返し

ニューヨークではあまり顧みられない

〔 ウ 〕 水

〔 カ 〕な 水

日本の伝統の中には噴水は少ない

水は〔 ク 〕に流れる姿が美しい ←

（理由）

日本人の好み ←

水にはそれ自体として定まった形はない

↓〔 ケ 〕ものを恐れない

水を鑑賞する行為の極致

〔 サ 〕 水

[西]

〔 イ 〕が人々をくつろがせる

〔 エ 〕 水

〔 オ 〕に静止している

風景の中心・壮大な水の造型

（バロック彫刻さながら）

〔 キ 〕な 水

〔 コ 〕（ ものを恐れる ）

水は造型の対象

〔 シ 〕 水

要 旨

① 空欄に本文中の語句を入れて、全体の要旨を整理しなさい。

思考力・判断力・表現力

「鹿おどし」は我々に〔 ア 〕を感じさせる。一方、西洋の噴水は、噴き上げる水と言え、水が〔 イ 〕に静止して見える造型と言えるが、「鹿おどし」が〔 ウ 〕の間隔により流れを感じさせ、〔 エ 〕的な水であるのと対照的である。日本人は形のない水を〔 オ 〕水として本性のままに受け入れたが、西洋では造型の対象として〔 カ 〕水として定着させた。「鹿おどし」は、日本人が水を鑑賞する極致の仕掛けだと言える。

2

右を参考にして、要旨を百字以内にまとめなさい。

内容の理解

思考力・判断力・表現力

1 筆者が鹿おどしに「なんとなく人生のけだるさのようなものを感じる」（二八・1）のは、鹿おどしのどのような様子からか。第一段落から二点抜き出し、解答欄に合うよう、それぞれ初めと終わりの五字で答えなさい。

〔 〜 〕様子。

〔 〜 〕様子。

2 「くぐもった優しい音」（二八・5）は、どんなことを印象づけるか。本文中から十字で抜き出しなさい。

3 「くぐもった音響が……いやがうえにも引き立てる」（二八・8）と同じような述べ方をしている部分を本文中から抜き出し、初めと終わりの五字で答えなさい。

〔 〜 〕

4 「それ」（二八・10）の指示内容を本文中から抜き出しなさい。 ▼脚問2

5 ▷新傾向 第一段落の内容に関して四人の生徒が発言している。筆者の主張に合致した発言をしている生徒をすべて選びなさい。

生徒A：「けだるさ」「徒労」などネガティブな言葉を用いているし、筆者は鹿おどしが嫌いなんだと思う。

生徒B：鹿おどしの外見や動き、立てる音などが、目に見えるように丁寧に描写されているね。

生徒C：華やかな西洋の噴水と比べ、鹿おどしの地味で退屈な感じをわざと否定的に強調しているのがわかる。

生徒D：流れる水、時を刻む水、という後の本文に通じる内容が、鹿おどしによって示されているよ。 生徒〔 〕

6 「華やかな噴水のほうが、……くつろがせていた。」（二九・7〜9）とあるが、その理由を次から選びなさい。

ア 単純で素朴なものより、華やかなもののほうが人目を引くから。

イ 多忙な生活の中では芸術性豊かなものが心にしみ入るから。

ウ 都市では繰り返すリズムがかえってせわしなく聞こえるから。

エ 直接視覚で感じ取れる美のほうが多忙な生活に合うから。 〔 〕

7 「壮大な水の造型」（二九・15）を言い換えている部分を、本文中から十字で抜き出しなさい。

8 「音を立てて空間に静止している」（二九・16）とほぼ同意の部分を、本文中から十五字以内で抜き出しなさい。 ▼脚問3

9 「日本の噴水はやはり西洋のものほど美しくない。」（三一・9）について、次の問いに答えなさい。

(1) それはなぜか。その理由を次から選びなさい。

ア せせらぎや滝、池を人工的に作る技術がないから。

イ 西洋の方が空気が乾いていて、噴水が引き立つから。

ウ 噴水が近代に至るまで作られておらず、伝統が乏しいから。

エ 街の広場が少なく、作る場所がなかったから。

(2) その結果どうなったかを、本文中の語句を用いて二十五字以内で答えなさい。

水の東西

🔟「日本人が、噴水を作らなかった理由」（三・15）について、外面的な理由を二つ記しなさい。　▼脚問4

⓫「日本人が、噴水を作らなかった理由」（三・15）とあるが、「日本人」の「西洋人と違った独特の好み」（三・3）という観点から述べられている理由を、本文中の語句を用いて三十五字以内で答えなさい。

⓬「思想以前の感性」（三・4）が具体的にさしている部分を本文中から二十字以内で抜き出しなさい。

⓭「もし、流れを……ないと言える。」（三・8〜9）について、「水を見る必要さえない」理由を次から選びなさい。
ア　水の流れるという性質はすでに理解しているから、改めて目で見なくても、水の流れる様子を十分に想像できるから。
イ　断続する音の響きを聞くだけで、その間隙に「流れるもの」を間接に心で味わうことができるから。

ウ　水の流れを純粋に実感しようとするときには、実際に流れる水を見ることがかえって想像力をはたらかせる妨げになるから。
エ　「行雲流水」という言葉のように、ものにこだわらず自由な発想があるため、見えないものを見抜くことができるから。

⓮「断続する音の響きを聞いて、……間接に心で味わえばよい。」（三・9〜10）とはどのようなことか。次から選びなさい。
ア　「鹿おどし」の音を聞き、流れる水が水受けにたまっていく様子を眺め、静かな心持ちで、次の音を聞くこと。
イ　「鹿おどし」の音を聞き、水が水受けにたまるかどうかということは気にもせず、何も考えないで、次の音を聞くこと。
ウ　「鹿おどし」の音を聞き、水がどのように流れているかをイメージしながら次の音を聞くこと。
エ　「鹿おどし」の音を聞き、流れる水が形あるものに変化するのを見ながら次の音を聞くこと。

⓯『鹿おどし』は、日本人が水を鑑賞する行為の極致を表す仕掛けだと言える」（三・10）のはなぜか。本文中の語句を用いて、二十五字以内で答えなさい。　▼学習三

⓰「流れる水と、噴き上げる水。」（元・2）、「見えない水と、目に見える水。」（元・10）、「時間的な水と、空間的な水。」（三・7）の対句表現が文章展開上果たしている役割は何か、次の中から二つ選びなさい。　▼学習二
ア　東西文化の対比の提示
イ　東西文化の優劣の提示
ウ　対句表現の前後での話題の転換
エ　意味段落内の内容を象徴的にまとめる

『水の東西』を表現の工夫に着目して読む

『水の東西』で筆者は、鹿おどしと噴水との対比から導いた自身の感想を、広く日本人全般が持つ「感性」へと一般化して述べるという表現上の工夫を施している。【会話文】は、『水の東西』の学習を終え、筆者の表現の工夫についてクラスで話し合いをしている様子である。

▼活動一

【会話文】

教　師：『水の東西』を学習した感想を発表してみよう。

生徒A：第一段落では、鹿おどしの持つ雰囲気が丁寧に描写されていて、鹿おどしの音を本当に聞いているような気持ちになった。

生徒B：でも、本文で述べられていることは、あくまで筆者個人の感情で　①
あって、日本人全般の感情とは言えないような気がした。

生徒C：たしかに　　Ａ　　などは筆者の主観が強く反映された部分だよね。

生徒D：私も、筆者の結論である「日本人が独特な好みを持っている」と
いうところは、本当に日本人はみんな、そんな好みを持っているの
かなと感じたよ。

教　師：なるほど。第一段落は「鹿おどし」、第二段落は「噴水」に対す
る筆者の感想が中心に述べられていて、第三、第四段落から、日本
と西洋の文化や風土、西洋人や日本人の「感性」へと話が広がって
いく。単なる個人の感想ではなくて、東西の文化全般に通底するも
のがあるというのが筆者の主張だけど、みんなはそこに違和感を覚
えたんだね。

生徒A：そういえば、第三段落や第四段落の文末は、「考えられる」「思わ　②
れる」「のであろう」のように、断定を避ける言い方が多いね。

生徒B：結論も「言えるかもしれない」だね。前半は筆者が自分で見聞き
したものだけれど、後半はあくまで仮説であることを示したいのか
もしれないな。

生徒C：でも筆者の言うとおり、たしかに日本庭園に人工の池や川はあっ
ても、噴水は少ないよね。日本人が読めば納得できる内容が多いし、
単なる個人の感想を超えた文化論と言っていいと思う。

生徒D：水に対してだけじゃなくて、時間と空間の考え方も文化から影響
を受けるというのも納得できたよ。

教　師：そう読者に読ませる、説得力のある文章であることが大事だね。

生徒A：そのほかに、第一段落と第四段落に「我々」という主語が出てく
るね。「我々」は一人称だから「私」の延長と考えられるけど、本
文ではむしろ　　Ｂ　　に近い意味で用いられているように感じた。

教　師：いいところに気がついたね。実はここに、テーマを一般化させよ
うとする筆者の意図があると考えることができる。

生徒B：「一般化」とはどういうことですか。　③

教　師：簡単に言えば「全体に通用させること」だね。「我々」という主
語を用いることで、どのようにそれが可能になるかを考えてみよう。

14

内容の理解

1 傍線部①「筆者個人の感情」とあるが、第二段落（元・1〜元・1）から、噴水に対して感じた「筆者個人の感情」を述べた表現を七字で抜き出しなさい。

2 空欄Aにあてはまる『水の東西』中の一文を次から選びなさい。

ア かわいらしい竹のシーソーの一端に水受けがついていて、それに筧の水が少しずつたまる。

イ そういえばヨーロッパでもアメリカでも、町の広場には至る所に見事な噴水があった。

ウ そのせいか東京でも大阪でも、町の広場はどことなく間が抜けて、表情に乏しいのである。

エ 「行雲流水」という仏教的な言葉があるが、そういう思想はむしろ思想以前の感性によって裏づけられていた。

3 傍線部②「断定を避ける言い方」について、次の問いに答えなさい。

(1) 第四段落（三・2〜11）から、文末が「断定を避ける言い方」になっている箇所を四字で抜き出しなさい。〔　　　〕

(2) 「断定を避ける言い方」から読み取れる表現の工夫について、四人の生徒が話し合いをしている。適切な発言をしているのは誰か。次から選びなさい。〔　　　〕

生徒A…筆者が欧米で鹿おどしや噴水を見た記憶が曖昧であることを読み手に伝えて、判断が不確かである可能性を示唆しているね。

生徒B…「間が抜けて、表情に乏しい」など悪口が多いから、責任を取りたくないんじゃないかな。

生徒C…持論に自信はあるけれど、日本人らしい謙虚さをアピールするためにわざと控えめな書き方をしているのでしょう。

生徒D…自分の感想を日本人全体の感性にまで広めるところに、あえて断定を避けているような気がする。

4 空欄Bにあてはまる言葉を『水の東西』中から三字で抜き出しなさい。
生徒〔　　　〕

5 傍線部③「我々」という主語について、筆者が結論部分に「我々」という表現を用いたことで、どのようなことが可能になっているのか。次の(1)〜(3)の条件を満たすように答えなさい。

条件
(1) 三十字以内で書くこと。（句読点を含む）

(2) 「我々」という表現を用いたことで、「……ことが可能になっている。」という解答欄の形式に合うように書くこと。

(3) 「日本人」「一般化」という語句を用いること。

「我々」という表現を用いたことで、

ことが可能になっている。

活動 『水の東西』を表現の工夫に着目して読む

無彩の色（港千尋）

教科書 p.35〜p.40

検印

漢字

1 太字の仮名を漢字に直しなさい。

p.35				p.36			p.37			p.38		p.39		
ℓ.3	ℓ.5	ℓ.10	ℓ.11	ℓ.6	ℓ.7	ℓ.8	ℓ.9	ℓ.11	ℓ.11	ℓ.16	ℓ.1	ℓ.1	ℓ.5	ℓ.9

① そう考えるのがふつう〔　　〕だ。

② いろいろな色がふく〔　　〕まれる。

③ 二つの色をこんごう〔　　〕する。

④ 特別なかいきゅう〔　　〕の人々。

⑤ 人にあや〔　　〕しまれる。

⑥ 都市生活を取りま〔　　〕く色。

⑦ ひろう〔　　〕がたまる。

⑧ 光と影にびんかん〔　　〕になる。

⑨ びみょう〔　　〕な影に気づく。

⑩ 砂と波がお〔　　〕りなすパターン。

⑪ 画面のいんえい〔　　〕。

⑫ ひとがら〔　　〕の深さを表す。

⑬ グレーののうたん〔　　〕。

⑭ 雲の色をはんえい〔　　〕する。

⑮ 夏のさか〔　　〕り。

⑯ せんれん〔　　〕された芸術。

⑰ 灰色のちゃわん〔　　〕。

2 太字の漢字の読みを記しなさい。

p.35				p.36				p.37			p.39	
ℓ.2	ℓ.5	ℓ.7	ℓ.9	ℓ.1	ℓ.2	ℓ.6	ℓ.7	ℓ.8	ℓ.12	ℓ.13	ℓ.4	ℓ.7

① 同じ色を想像〔　　〕する。

② 彩〔　　〕りのない色。

③ 暖色〔　　〕や寒色。

④ 沈静〔　　〕をもたらす。

⑤ 害獣〔　　〕と見なす。

⑥ 言葉を言い換〔　　〕える。

⑦ 曖昧〔　　〕でどっちつかず。

⑧ 舗装〔　　〕された道路。

⑨ さまざまな配管〔　　〕。

⑩ 鮮〔　　〕やかな色。

⑪ 違う色に塗〔　　〕り替える。

⑫ 違う趣〔　　〕がある。

⑬ 引き締〔　　〕まった画面。

⑭ 光と影の戯〔　　〕れ。

⑮ 屋根の瓦〔　　〕の色。

⑯ 派手〔　　〕な色彩。

⑰ 安土桃山時代の名残〔　　〕。

語句

1 次の太字の語句の意味を調べなさい。

p.36	p.37	
ℓ.6	ℓ.10	ℓ.10

① 曖昧〔　　　　〕でどっちつかずだ。

② モノクローム〔　　　　〕で表現された人間の顔。

③ 肌色〔　　　　〕とはまた違った趣がある。

2 次の空欄にあとから適語を選んで入れなさい。

p.35	p.36	p.38
ℓ.1	ℓ.12	ℓ.3

① どの文化でも〔　　〕感を与える色だ。

② 都市の〔　　〕場所に色がついている。

③ これほど豊かな灰色を持った屋根は〔　　〕見当たらない。

〔　あまり　あらゆる　たいがい　〕

3 次の語句を使って短文を作りなさい。

p.36	p.37
ℓ.14	ℓ.1

① 手につかない〔　　　　　〕

② 言うまでもなく〔　　　　　〕

1 論理の把握　　思考力・判断力・表現力

1 空欄に本文中の語句を入れて、内容を整理しなさい。　▼学習一

第三段落 (p.37 ℓ.14〜終わり)	第二段落 (p.36 ℓ.7〜p.37 ℓ.13)	第一段落 (初め〜p.36 ℓ.6)
事例（灰色に美を見いだす日本） 利休鼠…茶の芸術が完成された時代の名残、灰色の美学を色名に残す 日本や韓国の屋根瓦…グレー一色に見えても濃淡がある こうした感覚は昔から存在していた。灰色は灰だけではなく、煤や墨にも種類がある。その最も洗練された芸術の一つが〔ク〕である。派手な色彩を控え、微妙な〔キ〕の変化を愛でる。日本の文化は煤竹色や灰色の世界に、どんなカラフルな色にもまさる、〔　〕である。最高の美を認めることもできるのだ。	事例（現代社会の灰色） 公共空間、オフィス、自宅…多くの製品にグレーが使われる 白黒写真…光と影に敏感にさせてくれる だが、身の回りには意外に灰色が多い。特別な意味を持たず、特別な感情に結びつかない場所では、グレーのほうがよい。感覚と感情の〔エ〕を支えているのは、実は目立たない灰色である。つまり〔オ〕だから役立っているのだが、さらに評価することもできる。その一つが白黒写真であり、私たちは灰色の無限の段階の中に、光と影の〔カ〕を見て楽しむことができる。	事例（ネズミ色の持つイメージ） 「灰色の世界」…明るく楽しい世界の反対がイメージされる 「グレーゾーン」…曖昧でどっちつかずだと怪しまれる 色の〔ア〕は人それぞれだが、色の〔イ〕には共通するものがある。赤は注意や警戒感を与え、青は沈静をもたらし、紫は高貴な色とされる。その点、ネズミ色はあまり〔ウ〕を持たされていない。

2 要　旨　　思考力・判断力・表現力

1 空欄に本文中の語句を入れて、全体の要旨を整理しなさい。

世界中どこでも〔ア〕はあまりいい意味を持たされておらず、灰色と言い換えても〔イ〕な意味に結びつく。だが、身の回りには意外に灰色が多く、灰色が感覚と感情の〔ウ〕を支えている。また白黒写真は灰色の無限の段階の中に、光と影の戯れを見て楽しむことができる。こうした感覚は、〔エ〕な色彩を控え、微妙な明暗の変化を愛でる茶の湯とも結びつき、日本は灰色の〔オ〕に目覚め、大切に育ててきた文化を持っている。

2 右を参考にして、要旨を百字以内にまとめなさい。

1 「無彩色」（三六・5）とはどのような色か。適当なものを次から選びなさい。

ア　色相・明度・彩度を併せ持つ色。

イ　寒さや温かさなどの温度を感じさせる色。

ウ　見た人に特定のイメージや感情を抱かせる色。

エ　白から黒へ、明るさだけが移行する色。

2 新傾向▶「赤は注意や警戒感を与える色」（三六・9）とあるが、「注意や警戒感を与える」の例として適当でないものを、次から選びなさい。

ア　信号機の赤色。

イ　消火器の赤色。

ウ　消防車の赤色。

エ　フラメンコの衣装の赤色。

3 「その点」（三六・1）とはどのような点か。次から選びなさい。

ア　「ネズミ色の服」という言葉からイメージする服の色がグレーだという点。

イ　ネズミ色は明度の違いだけで彩りがないという点。

ウ　文化が違っても色の感じ方には共通するものがあるという点。

エ　色は暖色と寒色に分けられるという点。

4 「ネズミ色はあまりいい意味を持たされていない。」（三六・1）と筆者が述べる理由を二つ答えなさい。

脚問1▶

5 「煤けたような」（三六・3）という言葉の持つ一般的なイメージを、次から選びなさい。

ア　薄汚れたイメージ。

イ　清潔なイメージ。

ウ　感情を安定させるイメージ。

エ　美しいイメージ。

6 「明るく楽しい世界の反対」（三六・5）に該当する言葉を、本文中から十三字で抜き出しなさい。

7 新傾向▶「わたしたちが生きる世界には意外に灰色が多い」（三六・7）とあるが、私たちの周囲で「灰色」でない色を使うことが多いものを、次から選びなさい。

ア　図書館や市役所など、公共の建物。

イ　お店の看板やチラシなど、広告を目的とした建造物や製品。

ウ　戸建て住宅やマンションなど、住居用の建物。

エ　パソコンやプリンターなど、仕事で使う製品。

8 「特別な意味を持たず、……グレーのほうがよい。」（三六・10〜11）と筆者が述べる理由を二十五字以内で答えなさい。

脚問2▶

⑨「世界から彩度を差し引いて明度だけで表現する」（三七・1）とほぼ同じ意味の言葉を、本文中から十八字で抜き出しなさい。

⑩「正確に言えば、白黒ではなく、灰色写真である。」（三七・3）について、説明した次の文の空欄にあてはまる語句を、本文中から抜き出して答えなさい。

　「白黒写真」という名称であるものの、実際には白と〔　①　〕の二色で表現されている写真ではなく、濃淡の異なるさまざまな〔　②　〕で表現された写真であるので、正確に言えば「灰色写真」ということになるということ。　▼脚問3

①
②

⑪「人間は彩りのないさまざまな明るさの灰色だけで表現された風景を見て、それを美しいと感じることができる。」（三七・4）とあるが、その理由を本文中の語句を用いて三十字以内で答えなさい。

⑫「色を差し引くせいでわたしたちが光と影に敏感になる」（三七・7）について、ここでのＡ「色」とＢ「光と影」を言い換えた語として適当なものを次からそれぞれ選びなさい。

　ア　彩度　　イ　明度　　ウ　伝統色　　エ　無彩色

Ａ〔　　〕　Ｂ〔　　〕

⑬「こうした感覚」（三七・14）とはどのような感覚か。本文中の語句を用いて三十字以内で答えなさい。　▼脚問4

⑭Ａ「ネズミ色の服を着た人が、煤けたような壁に囲まれて、灰色の茶碗を手にしている」（三六・3）と、Ｂ「ネズミ色の服を着た人が、煤竹色の小さな部屋で、灰色の茶碗を見つめている」（三六・8）という表現から感じられるイメージを、それぞれ次の中から選びなさい。

　ア　地味でおもしろみのない殺風景なイメージ。

　イ　特別な感情は抱かないが日常生活に役立っているイメージ。

　ウ　深くて長い人生の時間を感じさせるイメージ。

　エ　静かで落ち着いた中に表れる派手さを超えた美のイメージ。

Ａ〔　　〕　Ｂ〔　　〕

⑮　新傾向　本文の学習を終えた四人の生徒が発言している。本文の内容に合致した発言をしている生徒をすべて選びなさい。

生徒Ａ：人を否定的な気分にさせる灰色が、にぎやかな都市生活で活用されていることに対する筆者の違和感が述べられていたね。

生徒Ｂ：筆者が写真家だからか、白黒写真に「美しさ」や「人生の時間」といったカラー写真にない魅力を感じているのがわかるよ。

生徒Ｃ：屋根瓦や茶の湯における灰色には、灰色に美を見いだし、それを大切に育ててきた文化が表れているんだね。

生徒Ｄ：「利休鼠」「煤竹色」という色の名前は、汚い色にも美しい名前をつけて受け入れる、日本人の優しさの表れなんだね。

生徒〔　　〕

「間」の感覚（高階秀爾）

教科書 p.42～p.45　検印

漢字

1 太字の仮名を漢字に直しなさい。

p.42
- ℓ.1　①アクロポリスのおか〔　　〕
- ℓ.1　②よく似たけいじょう〔　　〕
- ℓ.3　③建物のこうぞう〔　　〕の違い。
- ℓ.6　④大きなとくちょう〔　　〕。
- ℓ.9　⑤びみょう〔　　〕な判断。
- ℓ.10　⑥内部空間にふぞく〔　　〕する。
- ℓ.13　⑦しゃへい〔　　〕された空間。

p.43
- ℓ.1　⑧領域をばいかい〔　　〕とする。
- ℓ.3　⑨きょうみ〔　　〕深いこと。
- ℓ.5　⑩日本人の行動ようしき〔　　〕。
- ℓ.6　⑪てっきん〔　　〕コンクリート。
- ℓ.6　⑫いす〔　　〕とテーブル。
- ℓ.8　⑬外国人はとうわく〔　　〕する。
- ℓ.10　⑭価値かん〔　　〕の問題。
- ℓ.13　⑮空間と時間のあ〔　　〕み目。

p.44
- ℓ.8　⑯住まい方をきてい〔　　〕する。
- ℓ.16　⑰美意識やりんり〔　　〕。

2 太字の漢字の読みを記しなさい。

知識・技能

p.42
- ℓ.1　①パルテノンの神殿〔　　〕。
- ℓ.3　②同一〔　　〕である。
- ℓ.4　③建物を覆〔　　〕う。
- ℓ.6　④軒下〔　　〕という空間。
- ℓ.8　⑤雨が多い風土〔　　〕。
- ℓ.10　⑥物置〔　　〕の代わりに使う。
- ℓ.13　⑦渡り廊下〔　　〕を歩く。

p.43
- ℓ.1　⑧西欧〔　　〕建築を学ぶ。
- ℓ.5　⑨玄関で草履〔　　〕を脱ぐ。
- ℓ.8　⑩お客を迎〔　　〕える。
- ℓ.14　⑪荘厳〔　　〕な神社。
- ℓ.15　⑫俗世間〔　　〕から離れる。
- ℓ.18　⑬共通理解を前提〔　　〕とする。

p.44
- ℓ.9　⑭夜は寝室〔　　〕でくつろぐ。
- ℓ.11　⑮広間〔　　〕になる。
- ℓ.15　⑯計測を誤〔　　〕る。
- ℓ.15　⑰間違いを犯〔　　〕す。

語句

知識・技能

1 次の太字の語句の意味を調べなさい。
- p.42 ℓ.8　①風土的特性に由来する。
- p.44 ℓ.18　②「間合い」を正しく見定める。
- p.43 ℓ.14　③日本文化を理解する鍵となる。

2 次の空欄にあとから適語を選んで入れなさい。
- p.42 ℓ.5　①軒先が〔　　〕大きく伸びる。
- p.43 ℓ.12　②物理的というよりも〔　　〕心理的なもの。
- p.44 ℓ.13　③〔　　〕偶然ではない。

（決して　むしろ　さらに　）

3 次の語句を使って短文を作りなさい。
- p.43 ℓ.3　①はなはだ
- p.43 ℓ.17　②もっぱら

1 空欄に本文中の語句を入れて、内容を整理しなさい。　思考力・判断力・表現力

第五段落 (p.44 ℓ.11〜終わり)	第四段落 (p.43 ℓ.18〜p.44 ℓ.10)	第三段落 (p.43 ℓ.12〜p.43 ℓ.17)	第二段落 (p.43 ℓ.3〜p.43 ℓ.11)	第一段落 (初め〜p.43 ℓ.2)

左欄：「間」の感覚

第一段落

〈日本の伊勢神宮とアテネのパルテノン神殿〉
・〔ア　　　〕は共通
柱を重要な支持材としてその上に横材を渡し、三角形の断面を見せる切妻型の屋根をかける
→〔イ　　　〕「だが」屋根の様式が両者で異なる

〈パルテノン神殿〉
・〔ウ　　　〕が建物の〔エ　　　〕を覆うところで終わる

〈伊勢神宮〉
・軒先が大きく伸びており、〔エ　　　〕と いう空間が生じる。

第二段落

〈日本社会と西欧社会の行動様式〉

〈西欧の住まい〉
・家の中で靴を〔オ　　　〕ことが公的なルール

↕

〈日本の住まい〉
・家の中では靴を〔カ　　　〕
・〔キ　　　〕はつながっているような家に住みながら、行動様式では〔ク　　　〕とを明確に区別している

第三段落

〈内と外の区別　聖なる空間〉

〈教会〉
・〔ケ　　　〕によって内外の区別が明確

↕

〈神社〉
・〔コ　　　〕は物理的機能のない境界
・日本における内と外の区別は、物理的と いうよりもむしろ〔サ　　　〕なもの

第四段落

〈日本人の意識における内と外〉
鳥居について共通の理解を持つ集団が〔シ　　　〕
日本人にとっての「うち」という意識は、人間や空間や時間との関係性において成立

〈日本人の「間」の感覚〉
日本人は、関係性の広がりを「間」と呼ぶ
→「間」とは、空間の広がり、時間的広がり、人間関係の広がり

〔シ　　　〕で、集団の外にいる者が〔ス　　　〕

第五段落

「間」の感覚
↓
「間」の感覚を解明すること→日本の〔セ　　　〕を理解する鍵となるだろう

要　旨 ①

1 空欄に本文中の語句を入れて、全体の要旨を整理しなさい。　思考力・判断力・表現力

日本人は、家や部屋の内と外を〔ア　　　〕的にではなく〔イ　　　〕的に区別している。日本人にとっては、人間社会も空間も時間も〔ウ　　　〕という共通した〔エ　　　〕の中に組み入れられており、そのような関係性の広がりを日本人は「間」と呼んだ。関係性、すなわち「間合い」を正しく〔オ　　　〕ことが、日本人の行動様式の大きな原理である。住居の構造や住まい方だけでなく、〔カ　　　〕や倫理とも深く結びついた「間」の感覚は、今もなお生き続けている。

2 右を参考にして、要旨を百字以内にまとめなさい。

内容の理解　思考力・判断力・表現力

1「外観上よく似た形状を見せている。」（四二・1）とあるが、伊勢神宮とパルテノンの神殿にどういう共通点があるため似た形状になるのか。本文中から四十五字程度で抜き出し、初めと終わりの五字で答えなさい。

2「一つだけ大きな違いがある。」（四二・4）について、次の問いに答えなさい。

(1)「大きな違い」とは何か。解答欄の形式に合うように、本文中から七字で抜き出しなさい。

　　〜　　　　の有無。

(2)「大きな違い」は何によって生じたと筆者は推測しているか。筆者の推測を四二ページから三十字以内で抜き出しなさい。

3「そのあたりが微妙なのである」（四三・9）という箇所について説明した次の文章の空欄にあてはまる語句を、本文中から抜き出して答えなさい。

日本の建築には、軒下のような内部か外部かを決めることが難しい、

①〔　　　〕とでも言うべき場所が生まれてくる。軒下のほか、濡れ縁、②〔　　　〕などがその代表例である。それらは家の中から見れば一応外部空間になるが、外から見れば内部空間と捉えることができる。庭師たちが軒下のことを「〔　③　　〕」と呼ぶように、視点をどこに置くかによって空間の意味自体が変わっている。

①〔　　　　〕

②〔　　　　〕

③〔　　　　〕

4西欧の建築の特徴について述べた部分を、第一段落（四二・1〜四二・2）から三十字以内で抜き出しなさい。

5「ところが、はなはだ興味深いことに、……内と外とを厳しく区別する」（四二・3〜5）の一文について、次の問いに答えなさい。

(1)「日本人は住まい方において、内と外とを厳しく区別する」ことの具体例として本文にあげられている事柄を、本文中の語句を用いて二十字以内で答えなさい。

(2)この一文と同じようなことを述べている一文を同じ段落から探し、初めと終わりの五字で答えなさい。（句読点を含む）

　　　〜　　　

6「日本の神社で聖なる空間を示すものは、物理的には境界として何の役にも立たない鳥居である。」（四三・16）とあるが、なぜ鳥居が境界として機能しているのか。その説明として最も適当なものを次から選びなさい。

ア　鳥居という建造物を立てる際の特殊な工法によって聖なる力がそこには宿り、聖と俗とが二分されているから。

イ　鳥居は象徴として機能しており、それをくぐる人々の意識において聖と俗とが分けられているから。

ウ　鳥居の内部が聖なる空間であり、鳥居の外は俗世間というのは、形の上でも明確に二分されているから。

22

エ　鳥居はその特殊な形状によって人間の直観に訴え、その向こうが異質な空間であることを示すから。

〔　　　　　〕

7　日本人にとっての「身内」（四・1）について説明した次の文章の空欄にあてはまる語句を、本文中から抜き出して答えなさい。

「身内」とは、自分を含めた範囲のことだ、ないしは〔　①　〕のことを「うち」と呼ぶときにさし示す範囲のことだと言える。その範囲に入った人々の間では〔　②　〕が前提とされている。血縁や地縁、属する集団など、その時によって変化する〔　③　〕の上に「身内」は成立している。

①	②	③

8　「日本人にとっては人間社会も空間も時間も関係性という共通した編み目の中に組み入れられている。」（四・7）について、次の問いに答えなさい。

(1)日本人の空間や時間に対する認識のしかたについての説明として適当なものを次から選びなさい。
ア　空間や時間に対しても、関係性が変化することでその意味が変わってくる。
イ　空間や時間という、揺るぎない絶対的な基準に沿ってはじめて、日本人にとっての関係性の広がりを認識できる。
ウ　空間や時間の限界をふまえて、いかにしてそれらに関わっていくのかという意識を日本人は共通して持っている。
エ　空間や時間は不変なものなので、日本人が物事を認識する際の骨組みの役割を果たしている。

〔　　　　　〕

(2)日本人の対人関係の特徴を説明した次の文章の空欄にあてはまる語句を、本文中から抜き出して答えなさい。

日本人は関係性の広がりを「間」という言葉で呼び、人間関係の広がりを表す言葉としては「〔　①　〕」がある。対人関係においては、相手との関係性、すなわち「〔　②　〕」を見定めることが重要とされている。

①	②

9　「間」の感覚（四・16）とはどのような感覚か。適当なものを次から選びなさい。
ア　環境に影響を受けながら変化する、個人的な好悪の感覚。
イ　個人の一貫した行動のよりどころとなる、普遍的で道徳的な感覚。
ウ　時や場合に応じて、対象との関係性を見定めようとする感覚。
エ　伝統的な価値観を守り続けようとする、日本人の保守的な感覚。

〔　　　　　〕

10 新傾向　本文の内容に合致するものを次からすべて選びなさい。
ア　壁という物理的遮蔽物によって内外をはっきり区別する西欧の建築は、スケールや全体的な形状が日本の建築と根本的に異なる。
イ　日本建築は物理的な境界が曖昧で内部と外部が連続しており、軒下や濡れ縁などの内部とも外部とも捉え得る領域が存在する。
ウ　日本人にとっては、「間合い」を正しく見定めることが重要であり、「間」の感覚は日本人の住居や行動様式に大きな影響を与えている。
エ　日本では常に「間合い」を読まなくてはならないため、その息苦しさに西洋人は当惑してしまう。
オ　「間」の感覚によって住居の構造や住まい方が厳しく制限されため、日本人の美意識や倫理に悪影響を与えている。

〔　　　　　〕

「間」の感覚

日本語は世界をこのように捉える（小浜逸郎）

教科書p.46〜p.50　　検印

漢字

1　太字の仮名を漢字に直しなさい。

p.46
- ①げんみつ〔　　〕に分ける。
- ②てつがく〔　　〕的思考。
- ③別の語に置きか〔　　〕える。

p.47
- ④カードのゆうこう〔　　〕期限。
- ⑤使用のじったい〔　　〕を探る。
- ⑥事実やかんねん〔　　〕。
- ⑦ひもでしば〔　　〕る。

p.48
- ⑧けいせき〔　　〕が残る。
- ⑨ひじょう〔　　〕な仕打ち。
- ⑩たんてき〔　　〕に表す。
- ⑪家族に寄りそ〔　　〕う。
- ⑫激しくていこう〔　　〕する。

p.49
- ⑬せいし〔　　〕画の撮影。
- ⑭彼はがんこ〔　　〕である。
- ⑮遠くからなが〔　　〕める。
- ⑯おかし〔　　〕を並べる。
- ⑰正確なきじゅつ〔　　〕。

2　太字の漢字の読みを記しなさい。

知識・技能

p.46
- ①補助〔　　〕用言の「いる」。
- ②語彙〔　　〕が豊かだ。
- ③背後〔　　〕から声がする。
- ④発言の含意〔　　〕を読み取る。

p.47
- ⑤壮麗〔　　〕な伽藍（がらん）。
- ⑥既往〔　　〕の結果。
- ⑦自然な音韻〔　　〕。
- ⑧現象概念〔　　〕化する。
- ⑨状況を表出〔　　〕する。

p.48
- ⑩相手に親近〔　　〕感がわく。
- ⑪内在〔　　〕する問題。
- ⑫情緒〔　　〕が安定する。
- ⑬日本語の特徴〔　　〕。

p.49
- ⑭眼前〔　　〕に広がる景色。
- ⑮状況を共有〔　　〕する。
- ⑯感嘆〔　　〕の声をあげる。
- ⑰所作〔　　〕が目に浮かぶ。

語句

知識・技能

1　次の太字の語句の意味を調べなさい。

p.46
- ①日本語特有の含意がこめられている。

p.47
- ②説明のニュアンスが異なる。

p.48
- ③大きな問題を内在している。

2　次の空欄にあとから適語を選んで入れなさい。

p.46
- ①彼女は父の妹、〔　　〕叔母だ。
- ②君の提案には反対だ。〔　　〕その案は安全だが、予算がかかり過ぎる。
- ③風で桜の花が散るのが、〔　　〕雪のように見えた。

（　ちょうど　たしかに　つまり　）

3　次の語句を使って短文を作りなさい。

p.46
- ①大過ない

p.49
- ②突き放す

24

1 論理の把握

1 空欄に本文中の語句を入れて、内容を整理しなさい。　思考力・判断力・表現力

第五段落(p.48 ℓ.14〜終わり)	第四段落(p.48 ℓ.6〜p.48 ℓ.13)	第三段落(p.47 ℓ.13〜p.48 ℓ.5)	第二段落(p.46 ℓ.10〜p.47 ℓ.12)	第一段落(初め〜p.46 ℓ.9)

第一段落

主題　「いる」と「ある」はどう違うか

反証への予想される反論

一般的な考え
- 「いる」…【ア　　】に使う。
- 「ある」…【イ　　】に使う。

反証
「雨が降っている」
「ビルは今壊れている」
= 無生物

第二段落

● 補助用言の「いる」は、存在を表す「いる」とは異なる
- 既往の結果としての現在
- 「現在の状態の形容」
→ ×【ウ　　】な区別でしかない
→ 不十分

● 無生物に「いる」を使う例=「主格が【エ　　】の運動状態にある事実」
→ ×【ウ　　】な区別でしかない
→ 不十分

「いる」という語彙に共通した日本語特有の含意を探るべき
- ×「いる」は英語の現在進行形とは異なる
- ×辞書ふうに使用実態を概念化しているだけ

第三段落

* 【固定化した言語観】の産物
言葉=ただ【オ　　】な事実・観念・状態の提示

筆者の考え
言葉は【カ　　】↔と言葉を発する主体の関係をも表出している

筆者の主張
- 「いる」…語られている状況と「私」とが【キ　　】居合わせていることを表す
- 「いる」と「ある」は、語られている主格の語が、今ここで語っている主体と【ク　　】どれだけ関係しているかによって区別されるべき
- 「いる」…語り手の【ケ　　】がはたらいている

第四段落

「ある」…モノや人を客観的に眺めたときの〈「語る私」の意識に親しくつき添う意味合い〉の【コ　　】や【サ　　】を表す表現

第五段落

日本語は世界をこのように捉える

---

1 要旨

1 空欄に本文中の語句を入れて、全体の要旨を整理しなさい。　思考力・判断力・表現力

日本語では「いる」は【ア　　】に用い、「ある」は【イ　　】に用いる言葉だと説明し、「いる」「ある」の例外については、文法的な区別や意味分類を増やすことで対応してきた。これは、言葉は【ウ　　】な事実・観念・状態の提示であるという言語観に基づく。しかし、言葉は語る対象と自分との関係を表出するものでもある。つまり、【エ　　】は対象の客観的な存在や様態を表す表現、【オ　　】は「語る私」の意識に親しくつき添う意味合いを含む表現だと言える。

2 右を参考にして、要旨を百字以内にまとめなさい。

（解答欄）

1 「この区分」 （哭・4） とあるが、その内容を本文中の語句を用いて答えなさい。

2 「そういう区別」 （哭・7） とあるが、何と何の区別か、本文中から具体的に二つ抜き出して答えなさい。

3 「なぜ、同じ 『いる』 という言葉が使われるのか。」 （哭・7） について、次の筆者の仮説を説明した次の文の空欄にあてはまる言葉を、本文中から二十字以内で抜き出しなさい。

　　　　　　　　　　　　　　　　　　　　から。

　「いる」 という語彙に、文法学的な区別を超えて共通した

4 「英語の現在進行形と同じだ」 （哭・11） という考え方について、①同じ内容を詳しく述べている一文、②直接的に反論している一文をそれぞれ本文中から抜き出し、初めと終わりの五字で示しなさい。 （記号は字数に含める）

　　① 〔　　〜　　〕

　　② 〔　　〜　　〕

5 「運動状態を表すのではないような 『いる』」 （哭七・4） について、次の問いに答えなさい。

(1) 筆者はそのような 「いる」 の例を二種類取り上げているが、それぞれどのような状態を表す 「いる」 か、説明を本文中から抜き出し、表の上段に記しなさい。 ただし、本文に出てくる順に解答すること。

(2) 次の選択肢の中から、それぞれ表上段の説明にあてはまる例文をすべて選び、表の下段に記号で答えなさい。

　ア　道が曲がっている。　　イ　約束の時間は過ぎている。
　ウ　風が吹いている。　　　エ　公園は海に面している。

運動状態を表すのではない 「いる」 の説明		例文
〔　　〕	〔　　〕	〔　　〕
		〔　　〕

6 「固定化した言語観」 （哭七・11） とはどういう言語観か。 本文中の語句を用いて答えなさい。

7 筆者が 「いる」 についてどのように考えているかを説明した次の文の空欄にあてはまる語句を、第三段落から抜き出して答えなさい。

　「いる」 を使っている話し手は、単に客観的に事実を述べているのではなく、語られている状況にともに〔　①　〕 おり、「いる」 と語ることでその状況を自分の〔　②　〕 に引き寄せている。

　　① 〔　　〕

　　② 〔　　〜　　〕

26

8 語られる内容が空間的に離れた場所にいても、「あいつは今、パリにいる」（四八・3）という使い方ができるのはなぜか。本文中の語句を用いて三十五字以内で説明しなさい。

9 「いる」と「ある」の区別の基準を端的に説明した一文を第四段落から抜き出し、初めの五字で示しなさい。（記号は字数に含める）

10 「日本語の大きな特徴の一つ」（四八・13）として、適当なものを次から選びなさい。

ア 「いる」には主格が生物か生物でないかによる区別がなく、あらゆるものを同じように表現すること。

イ 「いる」は有情のものに対して強く親近感を示す表現であり、対象に厳密な使い分けがあること。

ウ 「いる」は生物でないものに対しても用いることができ、親しみを持って自分自身へ引き寄せようとする意識を含むこと。

エ 「いる」は対象が有情であるか非情であるかにかかわらず、客観的な語り手との関係を記述していること。

11 「私の意識の流れに寄り添わず」（四八・15）とあるが、これと対比的な「いる」のはたらきを述べた表現を、第五段落から十六字で抜き出しなさい。

日本語は世界をこのように捉える

12 「①店先では、いろいろなお菓子が並べてある。」（四九・10）、「②店先には、いろいろなお菓子が並べてある。」（四九・11）の二つの文を説明した次の文の空欄にあてはまる言葉を、それぞれ本文中から抜き出して答えなさい。

①の例文が〔 A 〕が店に対して〔 B 〕を持っていることを表しているのに対し、②の例文は単に〔 C 〕を〔 D 〕に表しているだけである。

13 [新傾向] 教師と生徒たちがこの文章について話し合っている。空欄にあてはまる語を、それぞれあとから選びなさい。

教師：みなさんはこの文章を読んでどのようなことに気づきましたか。

生徒A：「いる」と「ある」について、これまで私も一般の考え方とされる区別方法で考えていました。

生徒B：最後の「『ある』に比べて『いる』のほうが、ずっと『語る私』の意識に親しくつき添う意味合いで使われている」という部分は、最初は〔 ① 〕的でわかりにくいと感じましたが、文章の中でたくさんの〔 ② 〕例があげられているので、それを通して考えると理解しやすくなりました。

生徒C：筆者は、ただ自分の考えを述べるだけでなく、その考えに対する〔 ③ 〕まで予想していることはすごいと思いました。

生徒D：自分の考えを伝える方法として、参考にしたいと思います。

ア 具体　イ 抽象　ウ 反論　エ 推論
オ 一般　カ 特殊

① ② ③

ものとことば（鈴木孝夫）

教科書 p.52〜p.59　検印

漢字

1 太字の仮名を漢字に直しなさい。

① げんこう〔　〕用紙。（p.52 ℓ4）
② ざつぜん〔　〕と散らかる。（p.52 ℓ4）
③ ぶんぼうぐ〔　〕を買う。（p.52 ℓ5）
④ こゆう〔　〕の名称を持つ。（p.53 ℓ1）
⑤ びみょう〔　〕なこと。（p.53 ℓ4）
⑥ てきせつ〔　〕なことば。（p.53 ℓ5）
⑦ 言語がこと〔　〕なる。（p.54 ℓ3）
⑧ しんねん〔　〕を持つ。（p.54 ℓ10）
⑨ てつがく〔　〕者。（p.54 ℓ11）
⑩ じゅんすい〔　〕な動機。（p.55 ℓ5）
⑪ ことばのこうぞう〔　〕。（p.55 ℓ15）
⑫ 世界をはあく〔　〕する。（p.56 ℓ1）
⑬ ガラスのくっせつ〔　〕率。（p.56 ℓ4）
⑭ もののけいたい〔　〕や色彩。（p.56 ℓ16）
⑮ 決定するよういん〔　〕。（p.56 ℓ15）
⑯ 人間に特有なかんてん〔　〕。（p.57 ℓ2）
⑰ 働きをにな〔　〕う。（p.58 ℓ6）

2 太字の漢字の読みを記しなさい。

① ワイシャツと靴下〔　〕。（p.52 ℓ7）
② 多岐〔　〕にわたる。（p.52 ℓ10）
③ 昆虫〔　〕の種類。（p.52 ℓ11）
④ 膨大〔　〕な数。（p.53 ℓ1）
⑤ 具合〔　〕が悪い。（p.53 ℓ14）
⑥ 網目〔　〕の中に押し込む。（p.53 ℓ15）
⑦ 森羅万象〔　〕、（p.53 ℓ16）
⑧ 確〔　〕たる実感。（p.54 ℓ1）
⑨ 前提〔　〕をふまえる。（p.54 ℓ10）
⑩ 専門的に扱〔　〕う。（p.54 ℓ11）
⑪ レッテルの相違〔　〕。（p.55 ℓ2）
⑫ 唯名〔　〕論と実念論。（p.55 ℓ4）
⑬ 素材〔　〕としての世界。（p.56 ℓ1）
⑭ 机を定義〔　〕する。（p.56 ℓ9）
⑮ 日本間に座〔　〕る。（p.56 ℓ14）
⑯ 机の脚の有無〔　〕。（p.56 ℓ16）
⑰ 虚構〔　〕の分節。（p.58 ℓ5）

知識・技能

語句

1 次の太字の語句の意味を調べなさい。

知識・技能

① 私たちの素朴な実感であろう。（p.54 ℓ1）
② 多くの人が持つ認識。（p.54 ℓ4）
③ 渾沌とした切れ目のない素材の世界。（p.58 ℓ4）

2 次の語句の対義語を書きなさい。

① 結果　↔（p.54 ℓ1）
② 唯名論　↔（p.55 ℓ7）
③ 抽象的　↔（p.56 ℓ16）
④ 外見　↔（p.57 ℓ13）
⑤ 相対的　↔

3 次の語句を使って短文を作りなさい。

① 〜せざるを得ない（p.55 ℓ15）
② 〜にほかならない（p.56 ℓ2）

1 論理の把握 　思考力・判断力・表現力

1 空欄に本文中の語句を入れて、内容を整理しなさい。 　▼学習一

後半			前半
第五段落 (p.58 ℓ.4〜終わり)	第四段落 (p.56 ℓ.7〜p.58 ℓ.3)	第三段落 (p.54 ℓ.11〜p.56 ℓ.6)	第一・第二段落 (初め〜p.54 ℓ.10)
結論		筆者	前提

〔ア 　　〕論
・もの（こと）があれば、必ずそれを呼ぶ名としてのことばがある
・〔イ 　　〕ものが、国が違い〔ウ 　　〕が異なれば、全く違ったことばで呼ばれる

↔ 対比

〔エ 　　〕論
・ことばが〔オ 　　〕をあらしめている
・異なった名称は、かなり〔カ 　　〕ものを私たちに提示している

ことばは、私たちの世界〔キ 　　〕の手がかりであり、唯一の窓口である

ことばの〔ク 　　〕やしくみが違えば、認識される〔ケ 　　〕も変化する

「机」の例……そこに机というものがあるように思うのは、ことばの力による

ことばのはたらき
＝人間の見地から、人間にとって〔コ 　　〕と思われるしかたで、〔サ 　　〕の分節を与える

言語とは、常に生成し〔シ 　　〕している世界を、整然と区分された〔ス 　　〕もの、ものやことの集合であるかのように、人間に提示してみせる〔 　　〕を本質的に持っている

要 旨 　思考力・判断力・表現力

1 空欄に本文中の語句を入れて、全体の要旨を整理しなさい。

一般に「〔ア 　　〕があり、それに名がついている。」「同一のものが、〔イ 　　〕が異なれば別のことばで呼ばれる。」と考えられている。しかし、「〔ウ 　　〕がものをあらしめている」のであり、「異なった名称は、〔エ 　　〕ものをあらしめている」の〔オ 　　〕という見方もある。ことばは私たちが世界を〔オ 　　〕する窓口であり、私たちはことばによって世界を分節している。ことばは、流動する世界を整然と区分された姿で人間に提示してみせる〔カ 　　〕を持っている。

2 右を参考にして、要旨を百字以内にまとめなさい。

第一段落（初め〜p.54 ℓ.1）

1 「ものやことの数、そしてそれに対応することばの数は、……単なる総和にとどまらない」（五三・8〜9）のはなぜか。理由を説明した次の文章の空欄にあてはまる語句を、後から選びなさい。

ある一種類のものはいくつもの〔　①　〕からできていて、さらにその〔　①　〕はいろいろな〔　②　〕からできている、というようにどんどん細かくなっていき、そのすべてに〔　③　〕をつけることになるから。

（　ア　材料　　イ　名前　　ウ　部品　）

①〔　　　〕　②〔　　　〕　③〔　　　〕

第二段落（p.54 ℓ.2〜p.54 ℓ.10）

2 「同じものが、国が違い言語が異なれば、全く違ったことばで呼ばれる。」という認識（五四・3）は、私たちのどのような感覚と結びついているか。次から選びなさい。

ア　日本語で「イヌ」、中国語で「狗」、英語で「dog」などと異なることばで呼んでも、さしているものは同じ「犬」という動物である。

イ　日本語で「イヌ」、中国語で「狗」、英語で「dog」などと異なることばで呼ぶので、さしているものが同じ「犬」という動物であるとは限らない。

ウ　日本語で「イヌ」、中国語で「狗」、英語で「dog」などと異なることばで呼ぶので、さしているものは異なる「犬」という動物である。

エ　日本語で「イヌ」、中国語で「狗」、英語で「dog」などと異なることばで呼ぶものが同じ「犬」という動物であるかどうかよくわからない。

〔　　　〕

第三段落

3 「このような前提」（五五・12）の内容を、二点にまとめなさい。

〔　　　　　　　　　〕

〔　　　　　　　　　〕

第三段落（p.54 ℓ.11〜p.56 ℓ.6）

4 「次のように考えている。」（五五・14）とあるが、どのように考えているのか。二点にまとめなさい。

〔　　　　　　　　　〕

〔　　　　　　　　　〕

5 「唯名論と実念論」（五五・4）とあるが、次にあげたことはどちらに該当するか。記号で分類しなさい。

ア　「初めにことばありき」

イ　ものという存在がまずある。

ウ　ことばがものをあらしめている。

エ　ことばがなければ、犬も猫も区別できないはずだ。

オ　筆者の考え方

カ　私たちの素朴な実感

唯名論〔　　　〕

実念論〔　　　〕

6 「ことばがものをあらしめる」（五六・9）とはどういうことか。説明として適当なものを次から選びなさい。

ア　ことばがあることによって、新たにものが存在し、そのものを私たちが認識できるということ。

イ　ことばがあることによって、ものや性質を認識し、他から区別することができるということ。

ウ　ことばがあることによって、ものや性質を新たに生み出し、認識することができるということ。

エ　ことばがあることによって、ものや性質を区別することなく、ありのままに認識できるということ。

〔　　　〕

7「ことばの構造やしくみが違えば、認識される対象も当然ある程度変化せざるを得ない」（五五・15）のはなぜか。理由を述べている一文を抜き出し、初めと終わりの五字で答えなさい。（句読点を含む）

〜

8「ことばは人間が……当然である。」（五六・3〜5）とあるが、「窓の大きさ、形、そして窓ガラスの色、屈折率など」は、どのようなことの比喩となっているか。本文中から抜き出して答えなさい。

〜

9「机」について、「外見的具体的な特徴から定義することは、ほとんど不可能である」（五六・16）と述べているが、なぜか。理由に当たる部分を本文中から六十字以内で抜き出し、初めと終わりの五字で答えなさい。

〜

10「机」の定義の例について、「机ということばで表されるもの、を決定する要因」（五七・14）は、どのようなものであると述べられているか。本文中から四十五字以内で抜き出し、初めと終わりの五字で答えなさい。

〜

11「机というものをあらしめているのは、全く人間に特有な観点」（五六・1）であるとは、どういうことか。次から選びなさい。

ア「机」を作ることができるのは人間だけであるから、人間によって「机」は存在するということ。

イ どのような時代の、どのような国であっても、人間がいる限り「机」は存在するということ。

ウ 人間との関係によって、人間がそのものを「机」と名づけることで、

「机」は存在するということ。

エ 他の動物から見れば「机」には別の名が与えられるため、人間によって「机」は存在するということ。

12「ことばというものは、……担っている。」（五六・4〜6）について、次の問いに答えなさい。

（1）「人間の見地」とあるが、これは第四段落のどの部分と関連しているか。初めと終わりの五字を抜き出しなさい。（句読点を含む）　▼脚問**7**

〜

（2）「人間にとって有意義と思われるしかたで、虚構の分節を与え、そして分類する」とは、どのようなことか。次から選びなさい。

ア 実際には何ら切れ目のないものごとを、人間にとって都合よく区別することによって、たえず新たなことばを作ること。

イ 整然と区分されたものごとを、人間にとって有利になるようにことばで整理しなおし、新たな世界を生み出すこと。

ウ 実際には何ら切れ目のないものごとを、人間にとって意味がある ようにことばで区別し、世界を整然としたものに見せること。

エ 整然と区分されたものごとを、人間にとって価値があるようによ り細かく分類し、世界をものごとの集合体のように見せること。

13「言語とはたえず……虚構性を本質的に持っているのである。」（五六・6〜8）とはどのようなことを示唆しているか。次から選びなさい。

ア 人間はやがてことばから離れ、ことばのない世界で生きていく。

イ 人間は新たな世界を創造し、新たなことばを作り上げていく。

ウ 人間はことばがなくても、ものごとを考え、作り上げていく。

エ 人間はことばによって常に新たに世界を認識し、考えていく。

〜

現代の「世論操作」(林香里)

教科書 p.61〜p.68

検印

漢字

1 太字の仮名を漢字に直しなさい。

- ① どくさい〔　〕者の政治。 (p.61 ℓ.1)
- ② データぶんせき〔　〕。 (p.61 ℓ.4)
- ③ 選挙運動のさんぼう〔　〕。 (p.61 ℓ.8)
- ④ てってい〔　〕的に収集する。 (p.62 ℓ.5)
- ⑤ 雑誌に写真を〔　〕せる。 (p.62 ℓ.9)
- ⑥ 友達しんせい〔　〕される。 (p.62 ℓ.16)
- ⑦ データをきゅうごう〔　〕する。 (p.63 ℓ.3)
- ⑧ 客をゆうどう〔　〕する。 (p.63 ℓ.4)
- ⑨ 過去をこくふく〔　〕する。 (p.63 ℓ.10)
- ⑩ チームからのりだつ〔　〕。 (p.64 ℓ.4)
- ⑪ 大量にかくさん〔　〕する。 (p.65 ℓ.1)
- ⑫ 私たちのにんむ〔　〕。 (p.65 ℓ.9)
- ⑬ じゅうらい〔　〕の行動。 (p.66 ℓ.7)
- ⑭ 夜う〔　〕ち朝駆けの毎日。 (p.66 ℓ.8)
- ⑮ れんけい〔　〕する。 (p.66 ℓ.13)
- ⑯ がいとう〔　〕にあるカメラ。 (p.66 ℓ.14)
- ⑰ 日常にへんざい〔　〕する。 (p.67 ℓ.7)

2 太字の漢字の読みを記しなさい。 〔知識・技能〕

- ① 世論を操作〔　〕する。 (p.61 ℓ.2)
- ② 戦略〔　〕を立てる。 (p.61 ℓ.5)
- ③ 批判〔　〕を浴びる。 (p.61 ℓ.11)
- ④ いろいろな仕掛〔　〕け。 (p.62 ℓ.7)
- ⑤ 住民登録〔　〕をする。 (p.63 ℓ.5)
- ⑥ 演説〔　〕をぶつ。 (p.63 ℓ.5)
- ⑦ 扇動〔　〕的な物言い。 (p.63 ℓ.12)
- ⑧ 事件を想起〔　〕させた。 (p.65 ℓ.5)
- ⑨ 活動に加担〔　〕する。 (p.65 ℓ.10)
- ⑩ 権力を監視〔　〕する。 (p.65 ℓ.11)
- ⑪ 首相〔　〕を選ぶ。 (p.65 ℓ.16)
- ⑫ 背景が不透明〔　〕だ。 (p.66 ℓ.3)
- ⑬ 自治体〔　〕が利用する。 (p.66 ℓ.6)
- ⑭ 便宜〔　〕を図る。 (p.66 ℓ.13)
- ⑮ 情報の蓄積〔　〕。 (p.67 ℓ.7)
- ⑯ 監視の手綱〔　〕。 (p.67 ℓ.7)
- ⑰ 規制を緩〔　〕める。

語句

〔知識・技能〕

1 次の太字の語句の意味を調べなさい。

- ① 人となりが見えてくる。 (p.63 ℓ.4)
- ② 扇動的に意見操作する。 (p.67 ℓ.5)
- ③ 監視の手綱を緩める。 (p.67 ℓ.7)

2 次の空欄にあとから適語を選んで入れなさい。

- ① 〔　〕の立役者。 (p.61 ℓ.4)
- ② 歴史の〔　〕の遺産。 (p.63 ℓ.11)
- ③ 監視する〔　〕もない。 (p.66 ℓ.2)
- ④ 希望の〔　〕。 (p.67 ℓ.5)

〔負　光　陰　術(すべ)〕

3 次の語句を使って短文を作りなさい。

- ① 一躍〔　〕 (p.62 ℓ.2)
- ② 一貫して〔　〕 (p.63 ℓ.11)

1 論理の把握

1 空欄に本文中の語句を入れて、内容を整理しなさい。　思考力・判断力・表現力

第一段落 (初め〜p.65 ℓ.8) 現代の「世論操作」の実例

例1
かつてのような独裁者によるプロパガンダとは違う〔ア　〕が行われる
アメリカ大統領選(トランプ陣営のマイクロ・プロパガンダ)
ロシアからのツイート
ネットショッピング等
　↓
〔イ　〕によって操作される
人々が日常の中で少しずつ操作される

例2
ドイツ極右政党の躍進
背後に〔エ　〕を使った広報戦略
〔ウ　〕を掲げる政党
タブーである

例3
イギリスEU離脱を問う国民投票
ロシアからEU離脱支持のツイートが四万五千回も〔オ　〕される
→対抗意見を抑圧、〔カ　〕するねらい

第二段落 (p.65 ℓ.9〜p.66 ℓ.15) 見えにくくなっている権力

筆者
「ジャーナリズムの第一の任務は権力を〔キ　〕すること」
現代社会では「権力はどこにあるか?」「権力」とは何なのか」が見えにくい
　⇔
私たち／メディア
従来の方法では監視が不十分
・ボットや〔ク　〕…どこにあるのかわからない
・情報テック企業…データをどう活用しているかわからない・調べられない
監視される立場(ICカード・クレジットカード・監視カメラ)

第三段落 (p.66 ℓ.16〜終わり) これからの権力に対して

情報空間を支配する企業や、選挙に影響を与える広告会社の動きに、突っ込んでいく
ジャーナリストの活動も生まれている
権力のあり方=〔ケ　〕
　⇔しかし
結論　ジャーナリズムは「権力」への〔コ　〕と〔サ　〕の中、変化している
〔　〕の手綱を緩めてはいけない

要旨

1 空欄に本文中の語句を入れて、全体の要旨を整理しなさい。　思考力・判断力・表現力

現代の「〔ア　〕」は、かつての〔イ　〕なものから、日常の中で少しずつ人々を操作するスタイルに変わった。〔ウ　〕分析をもとに、ネットメディアや広告、ボットによる〔エ　〕によって意見を操作するのである。これらの操作を行う〔オ　〕は非常に見えにくくなり、私たちの行動は監視されるようになった。ジャーナリズムは、〔カ　〕の中、あり方を変える「権力」を、しっかりと監視しなければいけない。

2 右を参考にして、要旨を百字以内にまとめなさい。

内容の理解

思考力・判断力・表現力

1「今、かつてのような、独裁者によるプロパガンダといったイメージと
は違う形での世論操作が行われています。」(六一・1) とあるが、Aかつ
ての世論操作とB今の世論操作のスタイルを端的に説明している部分を
第一段落の中から探し、解答欄の形式に合うように、本文中からそれぞ
れ二十字以内で抜き出しなさい。

A　独裁者が〔　　　　〕するスタイル。

B　人々が〔　　　　〕されるスタイル。

B	A

2「水曜日の雨の朝に投票所に行かせることと、いつも使っている歯磨き
粉のブランドを変えさせることは、さほど変わりはない」(六二・3) と
あるが、これはどのような考えに基づく発言か。次から選びなさい。

ア　選挙の有権者と歯磨き粉の消費者は同じ人たちなので、歯磨き粉の
キャンペーンに用いたデータは選挙にも流用できるという考え。

イ　人間の好みというものは同じようなものなので、人々を店舗に行か
せるための仕掛けは、選挙においてもそのまま使えるという考え。

ウ　人間の行動を変えさせるのに必要なことは、データの分析とそれに
基づく誘導であり、選挙か歯磨き粉かはたいした問題ではないという
考え。

エ　人々に歯磨き粉を買わせるほうが、選挙で投票をさせるより原理的
に難しいのだから、歯磨き粉で成功したなら選挙でも同じことができ
るという考え。

〔　　　〕

3 新傾向
「私のことを私より知っている」(六三・13) について、四人の生
徒が話をしている。次の中から「アマゾンが私のことを私より知ってい
る」にはあてはまらない発言を選びなさい。▼脚問1

生徒A　アマゾンに「今月のおすすめ」という新刊情報が出ていておも
しろそうだから買ってみようと思うんだ。

生徒B　僕もアマゾンでペンを買おうとしたら、「あなたにおすすめ」
が出てきたからそこから選んだよ。

生徒C　私はいつも買う雑誌をアマゾンで注文したら、定期購入にする
ようすすめられたの。

生徒D　僕はアマゾンで前に買った商品の名前がわからなくなったから、
関連語を入力したら履歴が出てきたよ。

生徒〔　　〕

4「人々」が「データによって操作されていく」(六三・12) とはどういうこ
とか。次の文の空欄にあてはまる語句を、本文中から抜き出して答えな
さい。

関連するデータを集めて照合することで見えてくるその人の〔　①　〕
や〔　②　〕をもとに、人々の〔　③　〕が誘導されること。

①	②	③

5「ナショナリズムをタブーとしてきました」(六三・12) について説明した
次の文の空欄にあてはまる語句を、本文中から抜き出して答えなさい。

ドイツでは〔　①　〕を想起させるナショナリズムはタブーであり、
右翼政党はもちろん、その政党に協力することも問題視されたため、か
っては選挙公報を担当する〔　②　〕も現れなかった。

①	②

現代の「世論操作」

第一段落（初め〜p.65 ℓ.8）

6 ドイツとイギリスで行われた世論操作について、次の表中の空欄にあてはまる語句を、本文中から抜き出して答えなさい。　▼学習二

イギリス（EUからの離脱問題）	ドイツ（極右政党躍進）
内容の〔エ　　〕 ロシアから〔ウ　　〕が四万五千回自動送信された	ハリス・メディア社が極右政党の宣伝を担当し、勝利に導いた ・さまざまな〔ア　　〕 ・女性を中心とした〔イ　　〕なイメージのポスター

7 「アメリカ大統領選挙」で行われた「こうしたツイート作戦」（六五・3）が不可視化しようとしたのはどのような情報か。簡潔に二つ答えなさい。

8 ▶新傾向　「権力」が「非常に見えにくくなって」（六五・12）いる要因は何か。次からあてはまるものをすべて選びなさい。　▼脚問2
ア　政治家が持つ権限の急激な増大。
イ　メディアの監視機能の絶対的な弱体化。
ウ　権力の所在を隠すような技術の発達。
エ　監視の対象となりにくい権力の出現。

第二段落（p.65 ℓ.9〜p.66 ℓ.15）

9 「逆に」（六六・11）とあるが、筆者は「私たち」が本来どのような立場にあるべきだと考えているのか。簡潔に答えなさい。

10 「ますます権力に監視される」（六六・11）についてまとめた次の文の空欄にあてはまる語句を、本文中から抜き出して答えなさい。
交通ICカードや〔①　　〕で行動や〔②　　〕が記録され、〔③　　〕によって私たちの行動が見張られているということ。

①
③
②

第三段落（p.66 ℓ.16〜終わり）

11 「そういう動き」（六七・2）が説明されている文を本文中から抜き出し、初めの五字で答えなさい。

12 ▶新傾向　「希望の光」（六七・5）とあるが、どのような点で「希望」が持てるのか。「権力」という語を用いて、「誰が何をしている点。」という形式にまとめ、四十字以内で説明しなさい。

13 ジャーナリズムによる権力の監視を困難にしている、技術、社会の変化を表す語を、第三段落の中から二つ抜き出して答えなさい。

「文化」としての科学（池内了）

教科書 p.70〜p.79

検印

漢字

知識・技能

1 太字の仮名を漢字に直しなさい。

p.70 ℓ.4	① 技術は文明のきそ〔　　　〕だ。
p.71 ℓ.6	② 是非をべんべつ〔　　　〕する。
p.72 ℓ.5	③ こうのう〔　　　〕のある薬。
p.72 ℓ.8	④ 社会的けいやく〔　　　〕を結ぶ。
p.73 ℓ.3	⑤ どくぜん〔　　　〕的な行為。
p.73 ℓ.4	⑥ るいじ〔　　　〕した側面がある。
p.75 ℓ.2	⑦ 通常科学にしゅうし〔　　　〕する。
p.75 ℓ.9	⑧ 新旧がこんざい〔　　　〕している。
p.75 ℓ.12	⑨ 医薬品をさくせい〔　　　〕する。
p.76 ℓ.5	⑩ 品物を人にゆず〔　　　〕る。
p.76 ℓ.7	⑪ はいき〔　　　〕物を処理する。
p.76 ℓ.8	⑫ 公共的なはいりょ〔　　　〕。
p.76 ℓ.16	⑬ 業績をほこ〔　　　〕る。
p.77 ℓ.5	⑭ 設計はかんぺき〔　　　〕だった。
p.77 ℓ.9	⑮ どじょう〔　　　〕が汚染される。
p.78 ℓ.1	⑯ 現実とだきょう〔　　　〕する。
p.78 ℓ.1	⑰ 責任をかいひ〔　　　〕した。

2 太字の漢字の読みを記しなさい。

p.71 ℓ.9	① 暗黙〔　　　〕の了解。
p.71 ℓ.13	② 生活の便宜〔　　　〕に役立つ。
p.71 ℓ.15	③ 潤〔　　　〕いのない生活。
p.72 ℓ.13	④ 市民の負託〔　　　〕に応える。
p.72 ℓ.14	⑤ 自由を享受〔　　　〕する。
p.72 ℓ.15	⑥ 人々の豊かさに寄与〔　　　〕する。
p.73 ℓ.11	⑦ 円滑〔　　　〕に受容される。
p.74 ℓ.4	⑧ 発見が滞〔　　　〕る。
p.75 ℓ.4	⑨ 機械的に制御〔　　　〕する。
p.75 ℓ.15	⑩ 世論に迎合〔　　　〕した。
p.76 ℓ.10	⑪ 倫理〔　　　〕に反する。
p.76 ℓ.14	⑫ 危惧〔　　　〕を覚える。
p.76 ℓ.14	⑬ 政界と財界の癒着〔　　　〕。
p.76 ℓ.16	⑭ 傲慢〔　　　〕になる。
p.77 ℓ.1	⑮ 事態を収束〔　　　〕させた。
p.77 ℓ.6	⑯ 責任を転嫁〔　　　〕した。
p.78 ℓ.2	⑰ 初志を貫徹〔　　　〕する。

語句

知識・技能

1 次の太字の語句の意味を調べなさい。

p.70 ℓ.3	① 人間の物質的所産。
p.77 ℓ.4	② 「日本では事故は起こらない」と豪語した。
p.77 ℓ.6	③ 失敗の責任を転嫁した。

2 次の語句の対義語を書きなさい。

p.70 ℓ.3	① 物質的　↕〔　　　〕
p.71 ℓ.15	② 無機的　↕〔　　　〕
p.72 ℓ.1	③ 進化　↕〔　　　〕
p.73 ℓ.13	④ 否定　↕〔　　　〕

3 次の語句を使って短文を作りなさい。

p.71 ℓ.9	① 暗黙
p.78 ℓ.5	② 自戒する

〔　　　　　　　　　　〕

〔　　　　　　　　　　〕

1 空欄に本文中の語句を入れて、内容を整理しなさい。　▼学習一

第四段落 (p.76 ℓ.2〜終わり)	第三段落 (p.73 ℓ.12〜p.76 ℓ.1)	第二段落 (p.72 ℓ.3〜p.73 ℓ.11)	第一段落 (初め〜p.72 ℓ.2)

第一段落

文化…精神的生活に関わり、多様性・〔ア　〕がある
文明…人間の〔　　〕所産に関わり、段階的に質が変化して独自の形態をとる
科学…文化の〔イ　〕の中核を成す・文化として役に立つ
　←
技術…文明の基礎・文明の〔エ　〕を変化させる・文明の〔オ　〕として役に立つ
　↓精神生活を健全に生きていくうえで不可欠
　↓物質的な生活の便宜に役立つ
＊科学と技術は本来別物で、その役割も異なることをしっかり認識する必要がある

第二段落

科学を文化として成り立たせているものは何か
　↓
〔カ　〕を求めない人々の支え、社会的受容が必要
＊科学者の義務＝科学が社会に円滑に〔キ　〕されるよう努める

第三段落

現代では科学が〔ク　〕と強く結びついている
　↓
・原理的な世界の発見が滞る
　↓通常科学に終始
・〔ケ　〕科学の研究は〔　　〕でもあらねばならない
　↓技術的な側面に力点
　↓
科学者は〔コ　〕
＊科学の技術化は科学の発展形態として必然の方向

第四段落

科学の技術化において問題とすべきこと＝「技術的合理性とは何か」「科学の技術化」という設問
・科学の原理や原則を製品化する際、どのような〔サ　〕が採用されるのか
・科学の意図＝公共的な配慮からの技術的合理性↔企業の論理＝経済的合理性
　↓
科学者は〔シ　〕の論理に従うことが習い性になる
＊科学者は科学と技術の相違を見極め、技術の危うさを知ったうえで〔ス　〕への道を歩むべき

「文化」としての科学

---

1 空欄に本文中の語句を入れて、全体の要旨を整理しなさい。

科学は文化の諸相の中核を成し、〔ア　〕の基礎である。二者は本来別物でその〔イ　〕も異なるが、現代の科学では、壮大な基礎科学の〔ウ　〕の分野でありながら技術に直結する分野が活発であることから、〔エ　〕の技術化は必然の方向である。企業は、〔オ　〕の合理性よりも経済的合理性を優先し、科学者も企業の論理に従いがちだ。科学者は〔カ　〕の危うさを知ったうえで、技術化への道を歩むべきである。

2 右を参考にして、要旨を百字以内にまとめなさい。

37

第一段落（初め〜p.72 ℓ.2）

1「科学と技術は本来別物であったし、またその役割も異なっていた」(七・1・2)について、次の問いに答えなさい。 ▼学習三

(1)科学と技術の違いを端的に説明した次の文章の空欄にあてはまる語句を、本文中から抜き出して答えなさい。

科学は〔　①　〕を成すのに対し、技術は〔　②　〕だと言える。

①

②

(2)「科学」と「技術」の役割を、本文中の語句を用いてそれぞれ説明しなさい。ただし科学は二十字以内、技術は三十字以内とする。

科学の役割

技術の役割

2「科学は文化として役に立つ」(七二・4)と言える理由に当たる部分を、解答欄の形式に合うように、本文中から三十字以内で抜き出しなさい。

科学は

3「技術は文明の手段として役に立つ」(七二・5)とはどういうことか。次から選びなさい。

だから。

第一段落

ア　技術の発達は、人の精神的生活に深く関わっているということ。

イ　技術の発展は、物質的な生活の便宜に役立つということ。

ウ　技術の発達は、無機的な生活に潤いを与えるということ。

エ　技術の発展は、混在する文明を、工業文明、農業文明などに分化させるということ。

第二段落（p.72 ℓ.3〜p.73 ℓ.11）

4「その合意の原点」(七三・10)について、次の問いに答えなさい。

(1)「その合意」とはどのような合意か。本文中から二十字以内で抜き出しなさい。

(2)「合意の原点」とはどのようなことか。本文中の語句を用いて、解答欄の形式に合うように、四十字以内で説明しなさい。

ということ。

5「すぐに利得が得られるわけではない。」(七三・6)とほぼ同意の部分を、第二段落中から二十字以内で抜き出しなさい。

ということ。

6筆者は、科学を文化として成り立たせているものは何だと考えているか。本文中から簡潔に二つ抜き出しなさい。

〔　　　　〕〔　　　　〕

7 「科学」と「趣味の世界」（吉・4）の説明として適当なものを次から選びなさい。

ア 趣味は科学と異なり、なくても生活できるがないと寂しい。

イ 科学も趣味もともに、社会とは無関係で個人の興味によっている。

ウ 科学は趣味と異なり、社会に大きな影響を与える可能性がある。

エ 科学も趣味もともに、時代に合わせて変化していく。

8 「自然全体を大きく切り取るような基本理論」（吉・15）の具体例を、本文中から一つ抜き出しなさい。

〔　　　　〕

9 「原理的な世界の発見が……置かざるを得ない」（吉・4）と同意の部分を本文中から四十字以内で抜き出し、初めと終わりの五字で答えなさい。

〔　　　　〕～〔　　　　〕

10 「さらにクローズアップしてみよう。」（吉・9）とあるが、何についてクローズアップするのか。六字で答えなさい。

〔　　　　〕

11 「他方」（吉・4）とは、どのようなことに対しての「他方」なのか。これを説明した次の文章の空欄にあてはまる語句を、本文中から抜き出して答えなさい。

科学の最前線では、〔　①　〕に終始し、〔　①　〕の発見が期待できないため〔　②　〕の解決へと向かっていること。

①　〔　　　　〕

②　〔　　　　〕

③　〔　　　　〕

12 「科学と技術が重なり合っている領域」（吉・12）とは、具体的にはどのような領域をさすか。解答欄の形式に合うように、十五字以内で答えなさい。

〔　　　　　　　　　　　　　〕領域。

13 「科学者の意図」（宍・9）とはどのようなものか。説明として適当なものを次から選びなさい。

ア 環境倫理や安全性の観点から見てよりよい方式を採用したい意図。

イ 公共的な配慮と安全性と経済的合理性を兼ね備えた方式を採用したい意図。

ウ 企業の期待を裏切ることのない合理的な方式を採用したい意図。

エ ほかによい方式があっても自分の発見した方式を最大限に優先したいという意図。

14 「企業の論理」（宍・13）とはどのような論理か。解答欄の形式に合うように、二十字以内で説明しなさい。

〔　　　　　　　　　　　　〕論理。

15 「科学の技術化」に関する筆者の主張として適当なものを、次から選びなさい。

ア 科学の技術化の方式は無数にあるので、科学者は自分が発見した方式を最優先すべきである。

イ 科学の技術化の中で科学者も実用の役に立つという意識が強まっているが、企業とは距離を置くべきである。

ウ 科学者は、技術が現実との「妥協」の上に成立していることを認識し、それを社会に伝える責務がある。

エ 科学者は技術が本質的に持つ危険性を認識し、安易に技術化へ走らず新理論を追究するべきである。

生と死が創るもの（柳澤桂子）

学習目標　本文の論理展開を捉え、生命科学の視点から提示される「死」について理解する。

教科書 p.81〜88

検印

漢字

知識・技能

1 太字の仮名を漢字に直しなさい。

出典	問題
p.81 ℓ.1	①臓器いしょく〔　　〕法。
p.81 ℓ.1	②患部をてきしゅつ〔　　〕した。
p.81 ℓ.2	③情報のていきょう〔　　〕者。
p.81 ℓ.2	④試験をじっし〔　　〕する。
p.82 ℓ.7	⑤肺炎だとしんだん〔　　〕された。
p.83 ℓ.5	⑥坂道ですべ〔　　〕った。
p.83 ℓ.6	⑦写真をかくだい〔　　〕する。
p.83 ℓ.7	⑧地域いりょう〔　　〕に従事する。
p.83 ℓ.8	⑨視野がせま〔　　〕い。
p.84 ℓ.4	⑩現象をぶんせき〔　　〕する。
p.84 ℓ.5	⑪不必要だとはいじょ〔　　〕する。
p.85 ℓ.5	⑫細胞がぞうしょく〔　　〕する。
p.85 ℓ.6	⑬死のきこう〔　　〕を迎える。
p.86 ℓ.7	⑭悪いえいきょう〔　　〕を及ぼす。
p.86 ℓ.10	⑮じゅみょう〔　　〕を迎える。
p.86 ℓ.12	⑯代々受けつ〔　　〕いできた。
p.86 ℓ.16	⑰堅固にきず〔　　〕いた城。

2 太字の漢字の読みを記しなさい。

出典	問題
p.81 ℓ.1	①条件を認容〔　　〕した。
p.81 ℓ.3	②正確な拍動〔　　〕の音。
p.81 ℓ.5	③墓地に埋葬〔　　〕した。
p.82 ℓ.4	④情緒〔　　〕的に不安定だ。
p.82 ℓ.12	⑤窮地に陥〔　　〕った。
p.83 ℓ.6	⑥歯止めが利〔　　〕かない。
p.83 ℓ.8	⑦功名〔　　〕心にはやる。
p.83 ℓ.8	⑧判断を狂〔　　〕わせる。
p.83 ℓ.11	⑨手術を執〔　　〕り行う。
p.84 ℓ.7	⑩科学を究〔　　〕める。
p.84 ℓ.10	⑪事態を破局〔　　〕に導く。
p.84 ℓ.11	⑫子供のころを想起〔　　〕する。
p.84 ℓ.15	⑬責務を遂行〔　　〕した。
p.85 ℓ.3	⑭すべて除去〔　　〕した。
p.85 ℓ.9	⑮一度ご破算〔　　〕にする。
p.86 ℓ.4	⑯表裏〔　　〕一体の関係。
p.87 ℓ.5	⑰問題を捉〔　　〕え直す。

語句

知識・技能

1 次の太字の語句の意味を調べなさい。

出典	問題
p.82 ℓ.13	①科学の暴走に危惧の念を抱く。
p.84 ℓ.10	②破局的なイメージを想起する。
p.87 ℓ.4	③生と死は表裏一体となっている。

2 次の語句の対義語を書きなさい。

出典	問題
p.84 ℓ.14	①能動的　⇕〔　　〕
p.85 ℓ.2	②無限　⇕〔　　〕

3 次の語句を使って短文を作りなさい。

出典	問題
p.82 ℓ.12	①〜をおもんぱかる
p.83 ℓ.6	②歯止めが利かない
p.86 ℓ.9	③ご破算にする

論理の把握

1 空欄に本文中の語句を入れて、内容を整理しなさい。

第四段落 (p.86 ℓ.12〜終わり)	第三段落 (p.84 ℓ.9〜p.86 ℓ.11)	第二段落 (p.83 ℓ.2〜p.84 ℓ.8)	第一段落 (初め〜p.83 ℓ.1)

第一段落

臓器移植法の施行→【ア　　】をも人の死とする→〈しかし〉過半数の人が反対

（理由）　科学に対する人々の【イ　　】

第二段落

大きな成果をあげ信頼を勝ち得た科学→非常に傲慢になっている

→【ウ　　】力を得た人の【　　】が狭い→さまざまな問題が生じる

本当に広い視野に立って事が執り行われる→人々の信用を得られる

←

物事の細部を調べて得た知識を【エ　　】し広い視野で見直す→全体像がつかめる

【オ　　】の分析と統合→人間という存在そのものが浮かび上がる

第三段落

【カ　　】現象としての死　　　・【キ　　】条件の悪化による死

　　　　　　　　　　　　　　　・能動的な死＝生命を支えるための死

・単細胞生物の増殖の原理＝たくさん増やして、悪いものを棄てる

　【ク　　】な死の機構

・多細胞生物の原理＝【ケ　　】限りで細胞をすべて殺し、新しい個体を作り直す

・個体の【コ　　】と能動的な死が生まれた

遺伝情報…【サ　　】細胞を通して四十億年もの間受け継がれてきた

第四段落

生命科学的に見た死…非常にダイナミック・【シ　　】

→生が死を生み、死がよりよき生命を生み出して現在の生命世界が作り上げられた

【死を捉え直す】

【死を穿つ】　→　・四十億年の歴史を持つ人間【シ　　】と表裏一体

　　　　　　　　・死ぬようにプログラムされた人間　が浮かび上がってくる

生と死が創るもの

要旨

1 空欄に本文中の語句を入れて、全体の要旨を整理しなさい。

物事の細部を調べ、得られた知識を統合して広い視野で見直すと、物事の【ア　　】がつかめる。【イ　　】と統合によって、人間という存在が浮かび上がる。死には【ウ　　】による死と能動的な死とがある。多細胞生物は、悪い細胞を排除するため一代限りで【エ　　】を全部殺すという方法を取る。ここから個体の寿命と【オ　　】な死が生まれた。死から、四十億年の歴史を持ち、死ぬように【カ　　】された人間の姿が見えてくる。

2 右を参考にして、要旨を百字以内にまとめなさい。

1「死の定義の歴史」（八一・3）について説明した次の文章の空欄にあてはまる語句を、本文中から抜き出しなさい。

かつては周囲の人の〔　①　〕に頼って人の死を判定していたが、やがて〔　②　〕の拍動の停止を主にした三兆候を判定基準とするようになった。臓器移植法が施行された現在では、〔　③　〕をも人の死とすることになった。

▼脚問1

①	
②	
③	

2「情緒的なもの」（八二・4）とは、具体的には何をさすか。第一段落（初め〜八三・1）の中から二語を抜き出しなさい。

3「悪くなった部品」（八二・5）とはどのようなものか、説明しなさい。

4「その体」（八二・7）とはどのような体か。本文中から二十五字以内で抜き出しなさい。

5「このような危惧」（八二・13）の内容として適当でないものを次から選びなさい。

ア　移植医たちは、臓器提供者の肉親の心情を思いやり、その希望に添うようなことはしてくれないのではないか。

イ　脳死と診断されただけで、まるで眠っているような肉親の体から臓器が摘出されることに、私たちは耐えられるのか。

ウ　移植医たちは、手術の成功のためには努力するが、臓器を提供する肉親や提供を受ける患者本人のことは粗末に扱うのではないか。

エ　臓器提供者の肉親の感情は、非科学的という理由で無視されるのではないか。

6 新傾向 「歯止めが利かなくなる」（八三・6）とあるが、その例として適当なものを次から選びなさい。

▼脚問2

ア　遺伝子組み換え作物を開発する。

イ　労働力の機械化を推進する。

ウ　クローン技術を用いて人間を作製する。

エ　独裁者が民衆を支配する。

7「これらの問題」（八三・10）とは何をさすか。説明として適当でないものを次から選びなさい。

ア　科学や医療の発展によって、人間が人間を操作する技術の開発に歯止めが利かなくなるという危険性が生じていること。

イ　科学の成果が高く評価されているにもかかわらず、いのちを扱う学問に対しては正確さに疑いを抱く人が多いということ。

ウ　科学が大きな成果をあげ、絶大な信頼を勝ち得たことで、人間がすべてを支配しているような錯覚に陥っていること。

エ　科学や医療において、物事を達成する快感や功名心が人の視野を狭くし、判断を狂わせる可能性があるということ。

8「分析と統合」（八四・4）とはどういうことか。本文中の語句を用いて三十五字以内で説明しなさい。

生と死が創るもの

9 「死」について説明した次の文章の空欄にあてはまる語句を、本文中から抜き出し完成させなさい。

死というと〔 ① 〕なイメージが想起されがちだが、生命科学の立場から考えるとそうではない。生命現象としての死は、〔 ② 〕の悪化による死と、積極的な生命現象としての死、すなわち〔 ③ 〕な死とに分けられる。後者は、生物が正常な〔 ④ 〕の過程を遂行するためになくてはならない、生命を支えるための〔 ⑤ 〕である。

①
②
③
④
⑤

10 単細胞生物における「能動的な死の機構」（八五・6）とはどういうものか。次から選びなさい。

ア 個体をたくさん増やし、生存に適さない個体は死によって除去するというメカニズムのこと。
イ 細胞を増殖させて多細胞生物へと進化し、悪い細胞は能動的な死によって除くという仕組みのこと。
ウ 単細胞生物の種類をたくさん増やし、悪い種は死によって棄てていくという構造のこと。
エ 個体の数を増やし、悪い個体は棄てて、優れた個体は三十億年以上も生き永らえるというシステムのこと。

11 「新たな原理」（八五・14）とはどのような原理か。次から選びなさい。

ア 多細胞生物は一定の形を持っているため、無制限に細胞を増やせば死んでしまうという原理。
イ 人の体はさまざまな種類の複数の体細胞からなるが、生殖細胞のみは単細胞生物のように増殖するという原理。

〔　〕

ウ 人の細胞のうち、生殖細胞のみは「たくさん増やして、悪いものを棄てる」という原理。
エ 一代限りで細胞を全部殺してしまい、また新しい生殖細胞から個体を作り直すという原理。

12 「生命科学的に見た死は非常にダイナミックなものであり、生と表裏一体となっている」（八七・4）について、次の問いに答えなさい。

(1) 「死は非常にダイナミックなもの」だと言える理由を説明した次の文章の空欄にあてはまる語句を、本文中から抜き出して答えなさい。

多細胞生物の死とは、〔 ① 〕の存続のために一代ですべての〔 ② 〕をご破算にするという〔 ③ 〕的なものだから。

①
②
③

(2) 死が「生と表裏一体」であるというのはなぜか。解答欄に合うように本文中から十一字で抜き出しなさい。

死は 〔 ① 〕 〔 ② 〕 〔 ③ 〕 ためのものだから。

①
②
③

13 人間が「四十億年の歴史を持つ」（八七・6）とはどういうことか。本文中の語句を用いて、二十五字以内で説明しなさい。

14 「死ぬようにプログラムされたものとしての人間」（八七・7）とあるが、「プログラム」の具体的な内容を、本文中から十字程度で抜き出しなさい。

「私作り」とプライバシー（阪本俊生）

教科書 p.90〜p.93

検印

漢字

知識・技能

1　太字の仮名を漢字に直しなさい。

（p.90）
- ℓ.4　①ばいめい〔　　〕行為に走る。
- ℓ.4　②プライバシーほご〔　　〕。
- ℓ.4　③主張をうった〔　　〕える。
- ④議論にさいてい〔　　〕を下す。
- ℓ.9　⑤聖人くんし〔　　〕の物語。

（p.91）
- ℓ.3　⑥身がはめつ〔　　〕する。
- ℓ.3　⑦嘘をつくおろ〔　　〕か者。
- ℓ.4　⑧けっぱく〔　　〕を証明する。
- ℓ.9　⑨イメージをいじ〔　　〕する。
- ℓ.9　⑩情報をはっしん〔　　〕する。
- ℓ.12　⑪たち〔　　〕打ちできない。
- ℓ.12　⑫問題のかくしん〔　　〕。
- ℓ.18　⑬主導権をにぎ〔　　〕る。

（p.92）
- ℓ.8　⑭しんきょう〔　　〕の変化。
- ℓ.9　⑮主体的なせんたく〔　　〕。
- ℓ.13　⑯権利のしんがい〔　　〕。
- ⑰しょうきょく〔　　〕的な発言。

2　太字の漢字の読みを記しなさい。

知識・技能

（p.90）
- ℓ.2　①私生活を暴露〔　　〕される。
- ℓ.2　②社会に憤慨〔　　〕する。
- ℓ.4　③物事の捉〔　　〕え方。
- ℓ.6　④勝手に詮索〔　　〕される。
- ℓ.8　⑤病気の予防措置〔　　〕。
- ℓ.9　⑥物語化を阻止〔　　〕する。
- ℓ.10　⑦対立の構図〔　　〕。

（p.91）
- ℓ.3　⑧勧善懲悪〔　　〕の話。
- ℓ.3　⑨清廉〔　　〕な人物。
- ℓ.9　⑩自然の前では非力〔　　〕だ。
- ℓ.9　⑪逆手〔　　〕に取る。
- ℓ.12　⑫目撃者が現〔　　〕れる。
- ℓ.14　⑬独〔　　〕り歩きする。
- ℓ.16　⑭昨今〔　　〕の社会の動き。
- ℓ.17　⑮趣味〔　　〕を公表する。
- ℓ.18　⑯画期〔　　〕的な手段。

（p.92）
- ℓ.8　⑰主体的な判断に委〔　　〕ねる。

語句

知識・技能

1　次の太字の語句の意味を調べなさい。

- p.90　ℓ.4　①彼の発言に眉をひそめる。

  〔　　　　　　　　　　　　〕

- p.91　ℓ.12　②誰が「私作り」のイニシアティブをとるか。

  〔　　　　　　　　　　　　〕

- p.91　ℓ.9　③マスメディアの力を逆手に取る。

  〔　　　　　　　　　　　　〕

2　次の空欄にあとから適語を選んで入れなさい。

- p.90　ℓ.9　①彼女は読書好きで、いつも本を読んでいる。〔　　〕本の虫なのだ。
- p.91　ℓ.9　②今大会で〔　　〕誰が優勝するだろうか。
- p.91　ℓ.9　③今から急いでも〔　　〕間に合わない。

（　とても　　いわば　　はたして　）

3　次の語句を使って短文を作りなさい。

- p.90　ℓ.7　①出鼻をくじく

  〔　　　　　　　　　　　　〕

- p.91　ℓ.13　②コントロール

  〔　　　　　　　　　　　　〕

論理の把握

1 空欄に本文中の語句を入れて、内容を整理しなさい。

第一段落（初め〜p.90 ℓ.13）

タレント ← マスメディア ← 私生活の情報

- 捉え方①…〔ア　〕や売名行為
- 捉え方②…他人による勝手な物語化への予防措置
  - ↓ どちらとも言える
- ＊「私作り」の〔イ　〕を誰が取るかが
  - プライバシーと深く関わっている
- 社会に売り込みやすい

第二段落（p.91 ℓ.1〜p.91 ℓ.15）

マスメディア ←→ タレント

「私作り」の主導権争い

- →タレントのイメージにとっては〔ウ　〕なことが多い
- 〔エ　〕の物語を作ろうとする
- 自分に都合のいい〔オ　〕イメージを作り、維持したい
- 個人の〔カ　〕はマスメディアに比べて非力
- →マスメディアの力を逆手に取って、自分の望む情報を先に流す

〔キ　〕マスメディアによって自分のイメージが作られてしまいそうな人たち
…自分自身の情報を自らコントロールする重要度が高い

第三段落（p.91 ℓ.16〜p.92 ℓ.6）

ごく一部の人々の話にも思える

⇔だが

- ＊一般的にプライバシーとは「私作り」の〔ク　〕の問題
- 「私作り」は個人の主体的な意思や選択に委ねられる個人の権利
- 他人が勝手に個人の自己＝「私」を作ろうとするとき→プライバシー侵害を訴える
- …マスメディアに対抗できる情報発信ツール
- 「私作り」の主導権を確保する画期的な手段

第四段落（p.92 ℓ.7〜終わり）

プライバシーとは

- 自分に関する情報の流れをコントロール…〔ケ　〕側面
- 自分の情報を作っていく…〔コ　〕側面

「私作り」とプライバシー

両面からの理解が必要

要 旨

1 空欄に本文中の語句を入れて、全体の要旨を整理しなさい。

　プライバシーは「私作り」の〔ア　〕を誰が取るかということに深く関わっている。「私作り」の主導権が奪われ、他人が勝手に「私」の〔イ　〕を作ろうとするとき、私たちはプライバシーの〔ウ　〕を訴える。プライバシーは、自己に関するイメージを自ら〔エ　〕する権利であるという消極的側面とともに、いかに自分の情報を〔オ　〕していけるかという積極的側面からも理解していく必要がある。

2 右を参考にして、要旨を百字以内にまとめなさい。

1 「タレントがその私生活を自分からマスメディアに公表する」（九〇・1）とあるが、その目的としてどのようなことがあげられているか。それぞれ①十字以内と②二十字以内で抜き出しなさい。本文中から二点探し、それぞれ①十字以内と②二十字以内で抜き出しなさい。

①

②

2 「売名行為か物語化の阻止か。このことに裁定を下すつもりはない」（九〇・9）とあるが、それはなぜか。適当なものを次から選びなさい。

ア 情報公開が最終的にどのような効果をもたらしたかではなく、タレント自身が公開したいと考えた情報の内容に着目すべきだから。

イ タレントが情報公開をした場合だけでなく、情報公開をしなかった場合も含めて考察することが必要だから。

ウ 情報公開はどちらの効果も持つので裁定に意味はなく、むしろそれによって「私作り」の権利が誰の手に渡ったかが重要だから。

エ タレントの情報公開は売名のためでも物語化するためでもなく、マスメディアの詮索を防ぐために行われるものだから。

3 「『私作り』の主導権をめぐる対立」（九一・1）が起こるのはなぜか。本文中から四十五字以内で抜き出し、初めと終わりの五字で答えなさい。

〔
〕

～

4 「マスメディア」が「彼らが作った物語的イメージ」（九一・8）を広めようとするのはなぜか。本文中の語句を用いて十字以内で答えなさい。

5 「ここには」（九一・12）とあるが、「ここ」がさすのは何か。解答欄の形式に合うように、四十五字以内で説明しなさい。タレントがマスメディアの力を利用し、解答欄の形式に合うように、四十五字以内で説明しなさい。

を持とうとすること。

6 「『私作り』の主導権を確保するうえでは、画期的な手段である。」（九一・18）とあるが、なぜ「画期的」な手段と言えるのか。解答欄の形式に合うように、本文中から十一字で抜き出しなさい。

ことができるから。

7 新傾向 「自分が社会でどのような人間かを自分自身でコントロールできること」（九二・11）について四人の生徒たちが話し合いをしている。本文の内容にあてはまらないものを次から一つ選びなさい。

生徒A：芸能人でもないとふだんからは意識しにくいけれど、プライバシーについては自分の問題として認識しておいたほうがいいね。

生徒B：基本的には、自分にとって不本意な情報が流されていないかだけ気をつけておけばいいんだよ。

生徒C：最近は個人で情報を発信できるようなツールも多いし、そういうものもいざというときには活用できそう。

生徒D：自分がこんな人間でありたいという気持ちを、しっかり発信していきたいね。

生徒〔　〕

46

AIは哲学できるか（森岡正博）

教科書 p.94～p.96

検印

漢字

知識・技能

1 太字の仮名を漢字に直しなさい。

p.94
- ℓ.1 ①人工ちのう〔　〕の進歩。
- ℓ.1 ②しょうぎ〔　〕を指す。
- ℓ.8 ③せんもん〔　〕とする分野。
- ℓ.8 ④答えをぶんせき〔　〕する。
- ℓ.9 ⑤りょういき〔　〕を広げる。
- ℓ.11 ⑥こうふく〔　〕な共同作業。
- ⑦ちゅうしゅつ〔　〕する。

p.95
- ℓ.2 ⑧AIの振るま〔　〕い。
- ℓ.2 ⑨けいさんき〔　〕を使う。
- ℓ.3 ⑩ぎもん〔　〕を抱く。
- ℓ.6 ⑪せつじつ〔　〕な願い。
- ℓ.7 ⑫期日がせま〔　〕る。
- ℓ.11 ⑬新しいじげん〔　〕を開く。
- ℓ.11 ⑭目的地にとうたつ〔　〕する。
- ℓ.12 ⑮一般的なほうそく〔　〕。
- ℓ.16 ⑯きみょう〔　〕な配置。
- ℓ.16 ⑰全くび〔　〕かない。

（AIは哲学できるか）

2 太字の漢字の読みを記しなさい。

p.94
- ℓ.1 ①趣味で囲碁〔　〕を打つ。
- ℓ.2 ②例外〔　〕ではない。
- ℓ.3 ③哲学〔　〕的な思想。
- ℓ.5 ④過去〔　〕のテキスト。
- ℓ.5 ⑤最〔　〕も得意だ。
- ℓ.6 ⑥新技術を用〔　〕いる。
- ℓ.12 ⑦見逃〔　〕したパターン。

p.95
- ℓ.1 ⑧将来〔　〕の仕事。
- ℓ.3 ⑨根本〔　〕的な課題。
- ℓ.4 ⑩会合を設定〔　〕する。
- ℓ.5 ⑪内発〔　〕的な変化。
- ℓ.7 ⑫状況〔　〕を伝える。
- ℓ.12 ⑬自律〔　〕的活動。
- ℓ.12 ⑭普遍〔　〕的な性質。
- ℓ.12 ⑮真理〔　〕を追究する。
- ℓ.13 ⑯いずれ取って代〔　〕わる。
- ℓ.16 ⑰人間とAIの対話〔　〕。

語句

知識・技能

1 次の太字の語句の意味を調べなさい。

- p.94 ℓ.1 ①科学の進歩が目覚ましい。〔　〕
- p.95 ℓ.5 ②哲学的思考パターン。〔　〕
- ℓ.12 ③真理を追究する。〔　〕
- ℓ.12 ④勉強した証し。〔　〕

2 次の語の対義語を答えなさい。

- p.94 ℓ.1 ①人工 ↕〔　〕
- ℓ.7 ②結果 ↕〔　〕
- p.95 ℓ.12 ③普遍 ↕〔　〕

3 次の語句を使って短文を作りなさい。

- p.94 ℓ.2 ①例外〔　〕
- p.95 ℓ.13 ②取って代わる〔　〕

第一段落（初め〜p.94 ℓ.4）

囲碁や将棋の世界…〔 ア 〕は人工知能（AI）に勝てない

〔 イ 〕の世界…学者の仕事は人工知能に置きかえられるか？

第二段落（p.94 ℓ.5〜p.95 ℓ.2）

筆者の想像するAIの未来① ―「人工知能カント」

AIに〔 ウ 〕を読み込ませ、思考のパターンを発見させる
→アプリ「人工知能カント」を作る
カント研究者の仕事＝人工知能に質問をして答えを分析

筆者の想像するAIの未来② ―哲学的思考パターンのリスト

AIに過去の〔 エ 〕のテキストを読み込ませ、哲学的思考パターンを抽出
→「およそ人間が考えそうな哲学的思考パターンのほぼ完全なリスト」
哲学者の仕事＝哲学的〔 オ 〕の振る舞いの研究

第三段落（p.95 ℓ.3〜p.95 ℓ.8）

①、②のAIについての疑問　人工知能は本当に哲学の作業を行っているのか？

・入力されたデータの中に未発見の〔 カ 〕を発見　哲学とは言えない
・〔 キ 〕の設定した問いに解を与える

哲学＝自分自身にとって切実な問いに〔 ク 〕に発するところからスタート

第四段落（p.95 ℓ.9〜p.95 ℓ.11）

人工知能が哲学をしている＝人工知能が自分自身にとって切実な哲学の問いを〔 ケ 〕に発し、それについてひたすら考え始める
＝人工知能が「人間」の次元に到達

第五段落（p.95 ℓ.12〜終わり）

知性＝〔 コ 〕に基づいた自律的活動＋普遍的な法則や真理を発見できる思考能力
↑
新しい「知性」＝従来の知性に加えて〔 サ 〕も必要
←「将来の人工知能が人間に取って代わる」
そのような「知性」を持つ人工知能と人間の対話→**哲学の新しい次元**

哲学者の研究は、〔 ア 〕に置きかえられるだろうか。入力されたデータの中に未発見のパターンを発見したり、人間の設定した問いに解を与えたりするだけではなく、自分自身にとって切実な問いを〔 イ 〕に発することができたならば、人工知能が〔 ウ 〕をしていると言ってもよい。人間の次元に到達した〔 エ 〕が始まれば、〔 オ 〕を持つ人工知能と人間の哲学の新しい次元を開くことになるだろう。

2 右を参考にして、要旨を百字以内にまとめなさい。

内容の理解

第一段落 (初め〜p.94 ℓ.4)

1 「この点を考えてみよう」（九四・4）とあるが、「この点」のさす内容を、本文中の語句を用いて四十字以内で答えなさい。

第二段落 (p.94 ℓ.5〜p.95 ℓ.2)

2 「人間によるオリジナルな哲学的思考パターンは生み出されようがない」（九五・1）のはなぜか。次から選びなさい。

ア　人間が考えそうな哲学的思考パターンのほぼすべてを、人工知能が発見してしまい、新たな発見の余地はなくなってしまうから。

イ　人間は人工知能の性能を上げていくための研究に注力しなければならないので、哲学的思考パターンを考える余裕はないから。

ウ　人工知能が設定する問いは切実なものではないのではないので、新たな哲学的思考パターンに至るような深みに欠けているから。

エ　自由意志に基づいた自律的な活動という人間の知性の特徴が、パターンという固定的な枠組みと、根本的に相性がよくないから。

第三段落 (p.95 ℓ.3〜8)

3 人工知能にとっての「切実な哲学の問い」（九五・5）とはどのような問いか。次から選びなさい。

ア　その答えが人間の未来を左右するような問い。

イ　哲学の根本的な存在意義に関わるような問い。

ウ　人工知能自身が答えなければならないと判断した問い。

エ　人間が考えそうなパターンから外れた、オリジナルの問い。

第四段落 (p.95 ℓ.9〜11)

4 人工知能が「正しい意味で『人間』の次元に到達した」（九五・10）とはどのような状態か。次の文の空欄にあてはまる語句を、本文中から抜き出しなさい。

〔　①　〕からの入力を与えられていない人工知能が、〔　②　〕に発した切実な哲学的問いを、ひたすら考えるようになった状態。

①　〔　　　　　　〕

②　〔　　　　　　〕

第五段落 (p.95 ℓ.12〜終わり)

5 「人工知能が人間の次元に到達する」（九五・14）ために必要な要素を、本文中から三つ抜き出しなさい。

〔　　　　〕〔　　　　〕〔　　　　〕

全体

6 ▶**新傾向**　この本文を読んだ感想を生徒が話し合っている。内容が適切なものには〇、不適切なものには×を書きなさい。

生徒A…この文章は、AIが哲学できるかという問題提起がはっきり示されていて、それを確認するために多くの仮説を提示しながら論証している文章だったね。〔　　〕

生徒B…人工知能が今後哲学をしていくためには、多くの情報を蓄えるためにさらなる技術の向上が必要なんだ。〔　　〕

生徒C…人工知能自身が「自分が存在する意味はどこにあるのか?」のような切実な哲学の問いを内発的に発することができるようにならないと、人工知能が哲学しているとは言えないね。〔　　〕

生徒D…人間の持つ普遍的な真理を発見できる能力を、人工知能が補って共存していく未来が望ましいと筆者は考えているね。〔　　〕

不均等な時間（内山節）

教科書 p.116〜p.123

検印

漢字

1 太字の仮名を漢字に直しなさい。

p.116		p.117		p.118		p.119		p.120		p.121		p.122	
ℓ1	ℓ7	ℓ2	ℓ8	ℓ15	ℓ2	ℓ4	ℓ8	ℓ1	ℓ7	ℓ17	ℓ2	ℓ5	ℓ4	ℓ5

① 山菜をと〔　　　〕る。

② 隣村の光景にかんたん〔　　　〕する。

③ 農地をぞうせい〔　　　〕する。

④ 多方面にてんかい〔　　　〕する。

⑤ 季節がじゅんかん〔　　　〕する。

⑥ きのこが〔　　　〕りに出かける。

⑦ 二つにぶんれつ〔　　　〕する。

⑧ 充実したよか〔　　　〕を過ごす。

⑨ 近代社会のきばん〔　　　〕。

⑩ 規則をてってい〔　　　〕させる。

⑪ 徐々にすいじゃく〔　　　〕させる。

⑫ 河川をかいしゅう〔　　　〕した。

⑬ 二国間にかいざい〔　　　〕する。

⑭ ダムがほうかい〔　　　〕した。

⑮ じゅうそう〔　　　〕的な構造。

⑯ かべ〔　　　〕にぶつかる。

⑰ 合理化をすいしん〔　　　〕する。

2 太字の漢字の読みを記しなさい。

知識・技能

p.116		p.117		p.118		p.119		p.120		p.121		p.122	
ℓ3	ℓ6	ℓ2	ℓ7	ℓ3	ℓ5	ℓ8	ℓ11	ℓ6	ℓ12	ℓ7	ℓ2	ℓ5

① 木陰〔　　　〕で休む。

② 山の裾野〔　　　〕が広がる。

③ 開墾〔　　　〕が進む。

④ 区画〔　　　〕を整理する。

⑤ 傾斜〔　　　〕のきつい坂。

⑥ 営農〔　　　〕が盛んだ。

⑦ 意味が付与〔　　　〕される。

⑧ 一対〔　　　〕の関係。

⑨ 隙間〔　　　〕を埋める。

⑩ 急激に外化〔　　　〕する。

⑪ 組織を離脱〔　　　〕した。

⑫ 対象を措定〔　　　〕する。

⑬ 蛇行〔　　　〕する川。

⑭ 自然の営みを損〔　　　〕なう。

⑮ 縦軸〔　　　〕の値を読む。

⑯ 矛盾を深化〔　　　〕させる。

⑰ 経営が破綻〔　　　〕した。

語句

1 太字の語句の意味を調べなさい。

知識・技能

p.119	p.121
ℓ8	ℓ7

① 時間の不可逆性を論じる。〔　　　　　　〕

② 命題を措定する。〔　　　　　　〕

2 次の空欄にあとから適語を選んで入れよ。

p.116	p.117	p.120	p.122
		ℓ1	ℓ4

③ 農業が商品の生産工程へと純化される。〔　　　〕

④ 一次産業が〔　　　〕に突き当たる。

③ 自然は衰弱の〔　　　〕をたどるだろう。

② その〔　　　〕になれば不可能ではない。

① 感嘆の〔　　　〕を上げる。

（道　声　壁　気）

3 次の語句を使って短文を作りなさい。

p.117	p.121
ℓ3	ℓ9

① ないではない

〔　　　　　　　　　　　〕

② いけばいくほど

〔　　　　　　　　　　　〕

左欄外：不均等な時間

後　半		前　半	
第四段落 （p.121 ℓ.12〜終わり）	第三段落 （p.119 ℓ.3〜p.121 ℓ.11）	第二段落 （p.117 ℓ.6〜p.119 ℓ.2）	第一段落 （初め〜p.117 ℓ.5）

第一段落

〈上野村〉傾斜のきつい土地で、鍬や鋤を使った伝統的な〔ア　　　　〕に従う
〈隣　村〉山の裾野を広大に開墾して造成した一区画一ヘクタールを超える農地で、大型トラクターを使って高冷地野菜を栽培し高収入をあげる

第二段落

上野村の人々…隣村の農民を称賛しつつも〔イ　　　　〕しようとはしない
〈上野村〉・〔ウ　　　　〕な畑仕事
・時間は〔エ　　　　〕ことも区切られることもなく循環
〈隣　村〉・「先進的」で〔オ　　　　〕された農業経営
・労働時間の作り出す〔カ　　　　〕し、時間に管理される
・時間を〔キ　　　　〕がすべて
上野村の人々…時間世界を変えることは自分の存在を変えることだと知っている

第三段落

時間の客観化と統一＝近代社会の基盤
↓
社会の近代化↓伝統的な時間世界から〔ク　　　　〕な時間世界へ
↓
自然と時間の間の〔ケ　　　　〕の発生
↓
近代的な時間世界…自然の時間を破壊し、自然の存在を追いつめた
一次産業やそれと結びついた地域社会でも同様の問題が発生
↓
一次産業における経営＝商品生産の拡大↓〔コ　　　　〕の時間の成立を許さない

第四段落

一次産業において〔サ　　　　〕の時間を価値基準とする合理的な経営を推進する
↓
経営自体を破綻させる
解決するためには
・〔シ　　　　〕する時間世界を再び作り出す
・循環する世界の中での〔ス　　　　〕の形を創造する

社会の近代化に伴い、人々が〔ア　　　　〕的な時間世界から〔イ　　　　〕的な時間世界へと住み移ったことによって、〔ウ　　　　〕の時間は破壊され、自然の存在が追い詰められた。同じ問題は〔エ　　　　〕ややこれと結びついた地域社会の中でも起こっており、合理的な経営を推進しようとすることが経営の〔オ　　　　〕を導くという矛盾が生じている。〔カ　　　　〕する時間世界を再び作り出す、または循環する世界の中での存在の形を〔キ　　　　〕することが必要だ。

2 右を参考にして、要旨を百字以内にまとめなさい。

第一段落（初め〜p.117 ℓ.5）

1　「上野村の人々」が営む農業とはどのようなものか。本文中から十五字以内で抜き出しなさい。

2　「上野村の人々」の心情として適当なものを、次から選びなさい。

ア　大規模農業で高収入をあげている隣村の人たちを、うらやましく思う心情。

イ　春の野山を楽しみもせずに働く隣村の人たちを、冷ややかに見る心情。

ウ　広大な農地で先進的な農業を行う隣村の人たちに、対抗意識を抱く心情。

エ　農業の近代化を進め大規模な農地で働く隣村の人たちに、感心する心情。

第二段落（p.117 ℓ.6〜p.119 ℓ.2）

3　「上野村とこの村の……営農の世界がある」（二七・6〜7）とあるが、「この村」の「営農の世界」の説明として適当でないものを次から選びなさい。

ア　客観的に流れる時間に、いかに対応していくかを問われる世界。

イ　労働時間が経済価値を作り出す、時間に管理された世界。

ウ　季節の循環とともに畑仕事を行う、自然と調和した世界。

エ　農地を商品の生産工場と捉え、投資の対象とする世界。

4　「経済価値を生む時間」（二六・2）を言い換えた語句を、本文中から四字で抜き出しなさい。

第二段落（p.117 ℓ.6〜p.119 ℓ.2）

5　「この時間」（二六・11）について、次の問いに答えなさい。

(1)どのような時間をさしているのか。本文中の語句を用いて、二十字以内で説明しなさい。

(2)「この時間」を端的に言い換えた部分を、第二段落から五字で抜き出しなさい。

6　「自分たちの存在の形」（二六・17）について説明した次の文章の空欄にあてはまる語句を、本文中から抜き出して答えなさい。

　循環する〔　①　〕とともに作物を作って暮らし、毎年同じ季節を迎えることに〔　②　〕をおく。〔　③　〕は終わることも区切られることもなく循環していて、その流れが、そのまま村人の存在である。

①〔　　　　　〕
②〔　　　　　〕
③〔　　　　　〕

7　「上野村の人々」にとって、「時間世界を変える」（二九・1）とはどういうことか。次から選びなさい。

ア　循環する季節とともに暮らす世界から、毎年同じ季節を迎えることに価値がある世界へと住み移ること。

イ　自分たちの営みとともに時間が作られる世界から、時間を管理し時間に管理される世界へと住み移ること。

ウ　時間が人間の存在から外化している世界から、時間が終わることもなく循環する世界へと住み移ること。

エ　時間にいかに対応していくかが農民の営みである世界から、休息や余暇の時間に意味を付与する世界へと住み移ること。

52

不均等な時間

8「時間の客観化と統一」は、近代社会の基盤であった。」(二九・4) について、次の問いに答えなさい。

(1) これについて説明した次の文章の空欄にあてはまる語句を、本文中から抜き出して答えなさい。

近代的な【①】の生産過程において初めて、時間は【②】の価値基準を確立したため、その過程の成立が、時間の【③】の確立を最も徹底させた。時間の【③】の確立は、四つの要素からなっているが、この四つの要素は【④】形で実現されている。

① ［　　　　］
② ［　　　　］
③ ［　　　　］
④ ［　　　　］

9「循環する時間世界」(二九・13) と対称的な意味で用いられている語句を、本文中から十字以内で抜き出しなさい。

［　　　　　　　　　　］

10「近代社会が……一つの暴力であり続けている」(三〇・2～3) とあるが、ここでの「暴力」の意味として適当なものを次から選びなさい。 ▼脚問6

ア　苦痛の源
イ　腕力の行使
ウ　突然の弾圧
エ　乱暴な行為

［　　　］

11 人間が「近代的な時間世界がすべての部面で貫かれる社会を作り出そうとしてきた」(三〇・3) 結果、どのようなことが起こったのか。その説明を三十字程度で抜き出し、初めと終わりの五字で答えなさい。

［　　　　　　　　　　］～［　　　　　　　　　　］

(2)【新傾向】「時間の客観化と統一」(二九・4) に関係のあるものを、次から選びなさい。

ア　カレンダーを見て事業計画を立てる。
イ　日の出から日の入りまで働く。
ウ　桜が満開になったら田植えを行う。
エ　お寺の鐘の音に合わせて起床する。

［　　　］

12 筆者は、「伝統的な農山村の時間世界」(三二・7) はこれまでどのように役割を果たしてきたと考えているか。本文中の語句を用いて三十字以内で説明しなさい。

［　　　　　　　　　　］

13「一次産業の中に時計の時間が導入されていけばいくほど」(三二・9) とほぼ同意の表現を、これ以降の部分から三十五字以内で抜き出し、初めと終わりの五字で答えなさい。(句読点は含めない)

［　　　　　　　　　　］～［　　　　　　　　　　］

14「一次産業は矛盾を深化させる。」(三三・2) について、次の問いに答えなさい。

(1) どのような「矛盾」かが説明されている部分を、解答欄の形式に合うように、本文中から抜き出し、初めと終わりの五字で答えなさい。 ▼学習三

一次産業においては ［　　　　　］ ～ ［　　　　　］ という矛盾。

(2) 筆者が主張する、この「矛盾」の解決法を二つ答えなさい。

［　　　　］

［　　　　］

フェアな競争（内田樹）

教科書 p.125〜p.134

検印

漢字

1　太字の仮名を漢字に直しなさい。

p.125			p.126			p.127	p.128		p.129		p.130			p.131		p.132		p.133
ℓ.3	ℓ.8		ℓ.2	ℓ.9	ℓ.10	ℓ.2	ℓ.1	ℓ.16	ℓ.2	ℓ.15	ℓ.16	ℓ.1	ℓ.14	ℓ.16		ℓ.2	ℓ.9	ℓ.2

①どじょう〔　　　〕の改良。

②通信もう〔　　　〕を整備する。

③共同体のそんりつ〔　　　〕。

④モーターをくどう〔　　　〕する。

⑤市場のきぼ〔　　　〕が大きい。

⑥じょうしき〔　　　〕に欠ける。

⑦むしょう〔　　　〕で手に入る。

⑧サービスのじゅえき〔　　　〕者。

⑨働いて金をかせ〔　　　〕ぐ。

⑩大気をおせん〔　　　〕する。

⑪みんながめいわく〔　　　〕する。

⑫将来にかこん〔　　　〕を残す。

⑬費用をふたん〔　　　〕する。

⑭時間をさ〔　　　〕く。

⑮げんそく〔　　　〕として認めない。

⑯たいへんゆかい〔　　　〕だ。

⑰数をかんじょう〔　　　〕する。

2　太字の漢字の読みを記しなさい。

知識・技能

p.125	p.126			p.127		p.128		p.130	p.131			p.132			
ℓ.3	ℓ.5	ℓ.6	ℓ.16	ℓ.5	ℓ.14	ℓ.3	ℓ.10	ℓ.12	ℓ.9	ℓ.2	ℓ.4	ℓ.8	ℓ.1	ℓ.4	ℓ.4

①日本の湖沼〔　　　〕。

②専門的な知見〔　　　〕。

③私念〔　　　〕に左右される。

④病院に担〔　　　〕ぎ込まれる。

⑤過半〔　　　〕を制した。

⑥競争による争奪〔　　　〕。

⑦上前〔　　　〕をはねる。

⑧アメリカが発祥〔　　　〕の地。

⑨公教育を導入〔　　　〕する。

⑩原理に据〔　　　〕える。

⑪良心的な企業〔　　　〕。

⑫軍配〔　　　〕が上がる。

⑬水源が枯渇〔　　　〕する。

⑭私有に委〔　　　〕ねる。

⑮言葉を尽〔　　　〕くす。

⑯自分の考えを説〔　　　〕く。

⑰完全な格差〔　　　〕社会。

語句

知識・技能

1　次の太字の語句の意味を調べなさい。

	p.128
ℓ.1	ℓ.13

①虫のいい人間。

②毎日刻苦勉励する。

2　「一言一句」（三元・8）のように、一番目と三番目の漢字が「一」で、次の意味になる四字熟語を答えなさい。

①質素な食事のこと。

②喜んだり心配したりすること。

③一生に一度の出会い。

［一　　　一　　　］

［一　　　一　　　］

［一　　　一　　　］

3　次の語句を使って短文を作りなさい。

p.131	p.132
ℓ.13	ℓ.16

①せいぜい

②洗いざらい

空欄に本文中の語句を入れて、内容を整理しなさい。

思考力・判断力・表現力　▼学習一

第四段落 (p.132 ℓ.4～終わり)	第三段落 (p.129 ℓ.16～p.132 ℓ.3)	第二段落 (p.127 ℓ.3～p.129 ℓ.15)	第一段落 (初め～p.127 ℓ.2)
結論	本論Ⅱ	本論Ⅰ	序論

第一段落　序論

社会的共通資本 =【　ア　】

【　イ　】…大気、海洋、河川、湖沼、森林、土壌
【　ウ　】…道路、上下水道、通信網、電気、ガス
【　エ　】…行政、司法、医療、教育

社会的共通資本の管理運営には、政治イデオロギーと【　オ　】は関与してはならない。──制度論の常識

第二段落　本論Ⅰ

この常識がもう通らない。この社会にあるものはすべて「誰かの【　カ　】」であっていいという考え方をするリバタリアンが増えてきた。

リバタリアンの主張
【　キ　】は「フェアな競争」によって奪取されるべきで、努力もしなかった人々に（すべての）「社会的共通資本」が分配されるのはアンフェアだ。
一見すると【　ク　】的だが、もし十九世紀のアメリカでこのロジックが通り、公立学校が作られなかったら、経済成長を支えてきた多くの人材を失うことになっただろう。

第三段落　本論Ⅱ

フェアな競争…長期的に見ると、集団の存続を土台から脅かすリスクを含む
【　ケ　】後の世界はどうなって

〈理由〉自分が居住する予定のない場所や、自分が【　ケ　】も構わないと思い切れる人間が、「フェアな競争」では圧倒的なアドバンテージを持ち、同時代の競争相手からだけでなく、競争に参加していない人、できない人たちからもパイを奪ってしまうから。

そういう競争を抑止するためには、「勝者以外の人間にも地球上の資源の正当な分配に与る【　コ　】がある」ということについての【　サ　】が必要だ。

第四段落　結論

筆者の意見
完全な【　シ　】社会というものは、地球全域にわたって、長期に存立することはできない。今の日本で、「【　ス　】を勘定に入れる」習慣を持たない人たちを「リアリスト」と呼ぶことに、僕はどうしても同意することができない。

フェアな競争

空欄に本文中の語句を入れて、全体の要旨を整理しなさい。

思考力・判断力・表現力

【　ア　】の存立に不可欠な社会的共通資本には、【　イ　】、社会的インフラ、制度資本の三種類がある。これらの資本は共同体成員の全員が「自分の割り前」を保証されているが、これを受けつけず、有用な資源は「【　ウ　】」で奪取されるべきだと考える【　エ　】な競争】で奪取されるべきだと考える【　エ　】が増えたことで、集団の存立を脅かし【　オ　】が増えている。これを制止するためには、「【　カ　】以外の人間にも地球上の資源の正当な分配に与る権利がある」という【　キ　】が必要だ。

2 右を参考にして、要旨を百字以内にまとめなさい。

❶ 「本文中に示されている三種類の「社会的共通資本」(一三五・1) について、次の問いに答えなさい。

(1) これらに共通する条件を 「～ということ。」 という形で二点答えなさい。

▼脚問1

(2) 「一一〇番に掛けるとおまわりさんが駆けつける」 (一三六・15) という具体例は、三種類の社会的共通資本のうちのどれに該当するか、答えなさい。

❷ 「社会的共通資本の運営管理には、政治イデオロギーと市場経済は関与してはならない」(一三六・7) 理由として、適当なものを次から選びなさい。

ア　政治イデオロギーと市場経済を動かす私念と私欲はそもそも邪悪なものであり、皆の賛同が得られないから。

イ　政治イデオロギーと市場経済は変化が早く、その変化によって不変であるべき社会的共通資本の仕組みに影響が出てはいけないから。

ウ　私念・私欲をもとにした政治イデオロギーや市場経済は変化のスピードが速く、専門家でないと変化に対応できないから。

エ　社会的共通資本の運営管理に必要なスピード感に誤りが生じるから。と、政治イデオロギーを駆動する私念に誤りが生じるから。

❸ 「この 『常識』」(一三七・3) とはどういう常識か。解答欄の形式に合うように、本文中から三十字以内で抜き出しなさい。

という常識。

❹ 「そういう考え方」(一三七・13) の内容を解答欄の形式に合うように、二十五字以内で説明しなさい。

という考え方。

▼脚問2

❺ 「自己努力の成果たる資源」(一三六・4) とあるが、ここでの 「資源」 として適当なものを次から選びなさい。

ア　自分が努力した結果獲得した地位や名声。

イ　自分が払った税金で整備されている社会的共通資本。

ウ　自分の職業を自由に選択できる権利。

エ　大気や水など自然から得られる自然資源。

❻ 「十九世紀のアメリカの……公教育の導入に反対した」(一三九・7～8) とあるが、その理由として適当なものを次から選びなさい。

ア　努力をしなかった人の子供に教育を受けさせることで、努力をする必要はないという考え方が世の中に広まることを危惧したから。

イ　自分が手にした財産は、すべて自分の子供に引き継ぐべきだと思い込んでいたから。

ウ　自分が払った税金によって他者が利益を得て、その他者によって自分の子弟が不利益を受ける可能性があることを危惧したから。

エ　一度公教育を導入するとそれを維持するために、今まで以上に働いて納税することを要求されると考えたから。

56

❼「集団の存続を土台から脅かすリスクを含んでいます。」（三・2）とあるが、筆者は「フェアな競争」を続けることでどのようになることを予想しているのか。筆者が予想する内容を具体的に述べている箇所を本文中から百三十字程度で抜き出し、初めと終わりの五字で答えなさい。

[解答欄] ～ [解答欄]

❽「圧倒的なアドバンテージを持つことになります。」（三・14）とあるが、その理由として適当なものを次から選びなさい。

ア 他者や未来のことを考慮に入れないことで、現在の自身の状況を冷静に把握することができるから。

イ 他者や未来のために負担する費用を確保しようとすることで、コスト削減意識を向上させることになるから。

ウ 他者や未来のことは後回しにして得た自分の利益が、結果として社会的インフラを整備するための税金となるから。

エ 他者や未来に対して負担すべき費用をすべて、自分が競争に勝つために使うことができるから。

❾「『フェアな競争』のピットフォールはそこにあります。」（三・6）とあるが、「そこ」の指示する内容を解答欄の形式に合うように、本文中から二十二字で抜き出しなさい。（記号は字数に含める）　▼脚問6

[解答欄] ところ。

❿「競争の勝者で……『常識的』なルール」（三・13~15）を言い換えた箇所を本文中から十八字で抜き出しなさい。（記号は字数に含める）

[解答欄]

⓫「『未来を勘定に入れる』習慣を持たない人たち」（三・2）とはどういう人たちか。「今」「自分」「共同体」という語を用いて、五十字以内で説明しなさい。

[解答欄]

⓬ 新傾向　本文中に見られる構成や表現の工夫についての説明として適当なものを、次からすべて選びなさい。　▼言葉三

ア タイトルで「フェアな競争」と示すことで、競争によって社会的共通資本が分配される人とされない人が出てくるのは道義的に正しいことを読者に暗示している。

イ 「～のです」などの読者に呼びかけるような表現を用いることで、筆者の主張に寄り添うようにしている。

ウ 「クールかつリアル」「フリーライダー」など多くのかたかな言葉を用いることで、読者に新鮮な印象を与えながら、現在の社会状況を生き生きと描き出している。

エ 「この空気はオレのものだから他の人間は吸うな」というような極端な事例をあげることで、読者に筆者の主張は特殊で過激なものだと印象づけている。

オ リバタリアンの主張と十九世紀アメリカの有産階級の人々の考えとの類似性を指摘することで、両者の考え方の正当性を示している。

カ 冒頭で話題の前提となる「公共性」を確認させたうえで、リバタリアンの主張を示すことで、未来を見据えることの重要性を述べている。

二項対立を捉えながら論展開をつかみ、「『遠近感』なき経済システム」について理解する。

グローバリズムの「遠近感」(上田紀行)

教科書 p.136〜p.142

検印

漢字

1 太字の仮名を漢字に直しなさい。

知識・技能

① しょうげき〔　　　〕的な事件。 (p.136 ℓ1)
② 遠近感のそうしつ〔　　　〕。 (p.136 ℓ3)
③ 南北戦争をのぞ〔　　　〕く。 (p.136 ℓ5)
④ 東京大くうしゅう〔　　　〕。 (p.136 ℓ9)
⑤ 都市のしょうめつ〔　　　〕。 (p.136 ℓ10)
⑥ 土地がはかい〔　　　〕される。 (p.136 ℓ11)
⑦ 本土をこうげき〔　　　〕する。 (p.137 ℓ2)
⑧ 土地へのあいちゃく〔　　　〕。 (p.137 ℓ15)
⑨ 情報のりゅうつう〔　　　〕。 (p.138 ℓ11)
⑩ とうし〔　　　〕という形。 (p.138 ℓ12)
⑪ 経済のしゅやく〔　　　〕。 (p.138 ℓ15)
⑫ へいさ〔　　　〕的な組織。 (p.139 ℓ3)
⑬ 市場にさんにゅう〔　　　〕する。 (p.139 ℓ14)
⑭ こうかん〔　　　〕可能。 (p.140 ℓ1)
⑮ 世界をみちび〔　　　〕く。 (p.140 ℓ7)
⑯ しょうちょう〔　　　〕だった。 (p.140 ℓ9)
⑰ 世界のこうず〔　　　〕。 (p.141 ℓ8)

2 太字の漢字の読みを記しなさい。

① ビルを襲〔　　　〕った。 (p.136 ℓ1)
② 世界戦争の幕開〔　　　〕け。 (p.136 ℓ2)
③ 湾岸〔　　　〕戦争。 (p.136 ℓ6)
④ 灰燼と帰〔　　　〕す。 (p.136 ℓ11)
⑤ 不安を一掃〔　　　〕する。 (p.137 ℓ8)
⑥ 実存〔　　　〕を支える。 (p.137 ℓ15)
⑦ 強烈〔　　　〕に感じる。 (p.138 ℓ1)
⑧ アメリカが主導〔　　　〕する。 (p.138 ℓ4)
⑨ 石油の備蓄〔　　　〕量。 (p.138 ℓ9)
⑩ 減少を補〔　　　〕う。 (p.138 ℓ9)
⑪ 金融〔　　　〕の自由化。 (p.138 ℓ13)
⑫ 国境に縛〔　　　〕られる。 (p.138 ℓ13)
⑬ 世界中の至〔　　　〕る所。 (p.138 ℓ15)
⑭ バブル経済の崩壊〔　　　〕。 (p.138 ℓ16)
⑮ システムの障壁〔　　　〕。 (p.139 ℓ4)
⑯ 時代が到来〔　　　〕する。 (p.139 ℓ5)
⑰ 情報を操作〔　　　〕する。 (p.140 ℓ9)

語句

1 次の太字の語句の意味を調べなさい。

知識・技能

① 土地が破壊され、灰燼に帰す。 (p.136 ℓ11)
② 身の引き裂かれるような痛みに茫然自失する。 (p.141 ℓ5)

2 次の空欄にあとから適語を選んで入れなさい。

① ゲリラを〔　　　〕しようと枯れ葉剤をまく。 (p.136 ℓ8)
② 技術的にはすでに他国に〔　　　〕も二歩も先んじていた。 (p.137 ℓ7)
③ 巨額の富を生み出し、〔　　　〕勝ちの状態であった。 (p.140 ℓ8)
④ 〔　　　〕にして破壊され地球の重力によって大地に落下した。 (p.140 ℓ16)

〔　一瞬　一歩　一掃　一人　〕

3 次の語句を使って短文を作りなさい。

① ほかならない (p.140 ℓ5)
② かけがえのない (p.141 ℓ2)

論理の把握

1 空欄に本文中の語句を入れて、内容を整理しなさい。　　思考力・判断力・表現力

第一段落（初め〜p.136 ℓ.4）

二〇〇一年九月一一日の【　ア　】的なテロ事件
↓
「遠近感」を喪失した世界の中で、「遠近感」に直面させられる出来事

第二段落（p.136 ℓ.5〜p.138 ℓ.2）

アメリカにとっての戦争＝遠い地の出来事→「【　イ　】」が喪失された情報
⇔
日本人にとっての戦争＝東京大空襲・広島と長崎の原爆の体験→喪失感を知っている

第三段落（p.138 ℓ.3〜p.140 ℓ.10）

資本主義の変化

［モノの資本主義］
カネと【　ウ　】が流通する資本主義　＝　工業化社会
＝
【　エ　】＝グローバル【　オ　】システム　＝　工業化社会
←
「遠近感」のない【　オ　】システム

グローバル経済システムに参入している限り、世界中のどの場所も【　カ　】なもの
となる
＝
経済においては世界の各地が「【　キ　】」になったことを意味する
・・
【　ク　】＝グローバル化の技術的裏打ち
【　ケ　】＝グローバル化の制度的裏打ち　　アメリカの一人勝ちの状態
←
グローバル経済システムの象徴＝世界貿易センタービル

9・11がえぐり出したもの→世界の【　コ　】＝【　コ　】そのもの

第四段落（p.140 ℓ.11〜終わり）

私たちは、「遠近感」なきグローバル資本主義のシステムの中にありながら、「遠近感」のある【　サ　】の中で生きている

要　旨

1 空欄に本文中の語句を入れて、全体の要旨を整理しなさい。　　思考力・判断力・表現力

【　ア　】革命や金融【　イ　】によってグローバル経済システムが成立したことで、世界の各地は「交換【　ウ　】」な存在となり、「遠近感」を失った。しかし、世界貿易センタービルが攻撃され、ビルに働く人々の存在は、アメリカの人々にとって「交換【　エ　】」なものであったことが明らかになった。9・11は、「遠近感」なきグローバル経済システムと、私たちが生きる「遠近感」の【　オ　】場の間に【　カ　】交換不可能な「遠近感」の【　オ　】が存在することを明らかにした。

2 右を参考にして、要旨を百字以内にまとめなさい。

内容の理解

思考力・判断力・表現力

第一段落（初め〜p.136 ℓ.4）

1 「遠近感」に直面させられる（三六・3）とはどういうことか。次から選びなさい。

ア 正義感を呼び起こされるということ。

イ 当事者意識を呼び起こされるということ。

ウ 腹立たしさを呼び起こされるということ。

エ 諦めの気持ちを呼び起こされるということ。

［　　］

第二段落（p.136 ℓ.5〜p.138 ℓ.2）

2 [新傾向] 「アメリカにとっての戦争」（三六・5）とあるが、アメリカと日本の違いを整理した次の表の空欄にあてはまる語句を、本文中から抜き出しなさい。

アメリカにとっての戦争
・[　①　]から遠く離れたところでの戦争
・[　②　]の出来事
・「遠近感」が[　③　]された情報

日本にとっての戦争
・東京大空襲や原爆投下を経験
・すべてが失われ、自分自身も失われてしまうような[　④　]
・「遠近感」を[　⑤　]

④［　　　］
①［　　　］
②［　　　］
⑤［　　　］
③［　　　］

3 日本人も「現地の人々が感じるであろう悲しみと喪失感にはほとんど気づいていなかった」（三七・3）のはなぜか。本文中の語句を用いて十五字以内で答えなさい。

［　　　　　　　　　　　　　　　］

第二段落

4 「その土地への『愛着』が実存を支えている」（三七・15）とはどういうことか。次から選びなさい。

ア 遠い土地での戦争も国際的には重要な情報であるということ。

イ 生まれ育った土地の思い出が自分の存在を形作っているということ。

ウ 自分の土地以外でも都市の破壊は悲しみを生み出すということ。

エ 異なる土地で暮らす人も自国への愛は共通しているということ。

［　　］

▼脚問2

第三段落（p.138 ℓ.3〜p.140 ℓ.10）

5 「アメリカという国家の問題」（三六・4）とはどういう問題か。解答欄に合うように三十字以内で説明しなさい。

アメリカという国家がこれまでほとんど本土を

という問題。

6 「タイムラグがあった」（三六・7）のはなぜか。その理由として適当なものを次から選びなさい。

ア 工業化時代には自国の産業を発展させることを優先せねばならず、国境を越えた資本の移動が認められなかったから。

イ 工業化時代の資本主義は実際にモノを移動させることで成り立っており、移動させるのに時間や手続きが必要だったから。

ウ 工業化時代には情報技術が発達しておらず、儲かるものの情報が国境を越えて伝わることがなかったから。

エ 工業化時代には交通機関が整備されておらず、国境を越えてモノを移動させるのに多額の費用がかかったから。

［　　］

7 「それ」（三八・12）の指示内容を本文中から十字以内で抜き出しなさい。

［　　　　　　　　　　］

グローバリズムの「遠近感」

第三段落

8 「マウスのクリックだけでできる」(三元・1)とはどういうことをたとえたものか。本文中の語句を用いて二十五字以内で説明しなさい。

9 「グローバル経済システム」(三元・3)について、次の問いに答えなさい。

(1)このシステムの動きを説明した箇所を、本文中から二十五字以内で抜き出しなさい。

(2)このシステムを可能にしたものは何か。これよりあとの本文から五字以内で二つ、抜き出しなさい。

10 「世界中のどの場所も等価なものとなる」(三元・15)とあるが、これを言い換えた箇所を本文中から十六字で抜き出しなさい。(記号は字数に含める)

11 「IT革命とは、そうしたグローバル化の技術的裏打ちにほかならなかった」(四〇・5)とは、どういうことか。次から選びなさい。

ア IT革命によって、世界中の情報と資本が自由かつ瞬間的に、動かせるようになったということ。

イ IT革命が進んだことで、アメリカは工業化社会における富を継続的に得ることができたということ。

ウ IT革命によって、世界の各国はモノとカネが流通する新しい資本主義を確立したということ。

エ IT革命は、世界の経済に影響を与える交換不可能な特定の場所を作り上げたということ。

第四段落 (p.140 ℓ.11〜終わり)

12 「世界貿易センタービルが攻撃されて明らかになった」(四〇・11)のは、どういうことか。次から選びなさい。

ア 世界貿易センタービルで働く人々は常に入れ変わっていて、変化しているということ。

イ 世界貿易センタービルは、均質な世界空間に存在しているので、攻撃後にすぐに復興できるということ。

ウ 世界貿易センタービルへの攻撃によって失われた生命は、かけがえのないものであったこと。

エ 世界貿易センタービルは地球の重力によって落下し、瓦礫となるべき物体であったこと。

13 「9・11がえぐり出した」「世界の構図」(四一・8)とは、どういうものか。解答欄に合うように本文中の語句を用いて五十字以内で説明しなさい。

▼脚問6

……ということ。

ロビンソンの行動様式の特徴を読み解き、筆者の主張を捉える。

ロビンソン的人間と自然（村岡晋一）

教科書 p.144〜p.150

検印

漢字

知識・技能

1 太字の仮名を漢字に直しなさい。

① 自然をはかい〔　　〕する。 （p.144 ℓ.3）
② 予定はへんこう〔　　〕可能だ。 （ℓ.3）
③ きぼ〔　　〕が大きい。 （p.144 ℓ.6）
④ 船がなんぱ〔　　〕する。 （p.145 ℓ.4）
⑤ 島にひょうちゃく〔　　〕する。 （ℓ.7）
⑥ 小麦をしゅうかく〔　　〕する。 （ℓ.8）
⑦ 山羊をわなでと〔　　〕らえる。 （ℓ.10）
⑧ 残されたしざい〔　　〕。 （p.146 ℓ.5）
⑨ 一年間のそんえき〔　　〕を計算する。 （ℓ.8）
⑩ よじょう〔　　〕人員が出る。 （ℓ.10）
⑪ ほうしゅう〔　　〕が多い。 （p.147 ℓ.1）
⑫ 労働へのかんしん〔　　〕が高い。 （ℓ.2）
⑬ しそん〔　　〕を残す。 （ℓ.4）
⑭ 結果をよそう〔　　〕する。 （ℓ.6）
⑮ たいきょく〔　　〕に位置する。 （p.148 ℓ.3）
⑯ ぞうとう〔　　〕品をいただく。 （ℓ.7）
⑰ 財のぞうしょく〔　　〕に努める。 （ℓ.15）

2 太字の漢字の読みを記しなさい。

① 起源〔　　〕をつきとめる。 （p.144 ℓ.4）
② 経済体制の担〔　　〕い手。 （ℓ.11）
③ 孤島〔　　〕での行動。 （p.145 ℓ.1）
④ 享楽〔　　〕を目的とする。 （ℓ.11）
⑤ 労苦〔　　〕が増える。 （ℓ.12）
⑥ 小麦を栽培〔　　〕する。 （ℓ.12）
⑦ 夜を徹〔　　〕して見張る。 （ℓ.14）
⑧ 頑丈〔　　〕な小屋。 （ℓ.15）
⑨ 確かな保証〔　　〕がない。 （p.146 ℓ.4）
⑩ 正確な暦〔　　〕を作る。 （ℓ.6）
⑪ 過労死〔　　〕するほど働くな。 （p.147 ℓ.16）
⑫ 評価〔　　〕が高い。 （ℓ.5）
⑬ 相手の面前〔　　〕。 （ℓ.8）
⑭ 協調〔　　〕関係を乱す。 （p.148 ℓ.15）
⑮ 自らの態度を反省〔　　〕する。 （ℓ.1）
⑯ きわめて素朴〔　　〕な問題。 （ℓ.5）
⑰ 選択肢〔　　〕を増やす。 （p.149 ℓ.6）

語句

知識・技能

1 次の太字の語句の意味を調べなさい。

① 新しい経済体制の担い手。 （p.144 ℓ.11）
② 夜を徹しての見張り。 （p.145 ℓ.14）
③ 企業家が採る常套手段。 （p.147 ℓ.1）

2 次の空欄にあとから適語を選んで入れなさい。

① 彼とは〔　　〕家族のような関係だ。 （p.146 ℓ.13）
② 彼は容疑者の一人だ。〔　　〕、彼が犯人である決め手がない。 （p.147 ℓ.15）
③ 彼はマイクを持つと〔　　〕話し続けた。 （p.148 ℓ.15）

（　さらに　とはいえ　いわば　）

3 次の語句を使って短文を作りなさい。

① 決めかねる （p.148 ℓ.2）
② 強いる （p.148 ℓ.6）

論理の把握

1 空欄に本文中の語句を入れて、内容を整理しなさい。

思考力・判断力・表現力

▼学習一

第一段落 （初め～p.144 ℓ.5） 序論	第二段落 （p.144 ℓ.6～p.148 ℓ.8） 本論	第三段落 （p.148 ℓ.9～終わり） 結論

第一段落（序論）

人類が置かれている今日的状況は、「人間における自然と文化」の関係のありようを問い直すことを要求しているようだ。現代における人間の自然に対する〔ア〕的関係は、人間自身の手によって変更可能であるはずであり、その〔イ〕をつきとめることもできるはずだ。

第二段落（本論）

〔ウ〕主義という経済体制における人間の自然に対する態度の特徴

──『ロビンソン・クルーソー』に人々の特徴的な行動様式が現れている

・〔エ〕の生活の必要を予想して、自分に残された資材を合理的に配分する
例…小麦の栽培・〔オ〕の飼育

・自分の持てるものを〔カ〕ことのうちに、価値を見いだす
例…一年間の生活の〔キ〕計算をやり、プラスが多かったと神に感謝

ロビンソンのような「〔ク〕」が資本主義には不可欠だ。

とはいえ、資本主義的経済体制ということを離れてしまえば、明日の必要のために〔ケ〕するほどの労働を義務とするような生活観と、必要に応じて働き、後の時間は生活を〔コ〕ような生活観とは、どちらが「合理的」かは、すぐには決めかねるのではないか。

第三段落（結論）

〔ロビンソン的人間〕
・自然をも自らの合理的な計算と設計によって管理し〔サ〕していこうと決意し、それが可能だと信じたが、自分もまた〔シ〕の中に生きる一員だということを忘れたため、ほかの生物や環境との〔ス〕関係を乱してしまった。
・財の増殖にのみ価値を置き、自然に対して過重な〔セ〕をかけてしまった。

〈私たちが人間における自然と文化の関係を問い直すときに求められること〉
近代〔ソ〕的人間の生活形態以外にも目を配り、人間にとって真に必要なものとは何か、真に生きるに値する〔タ〕的な生活とはいかなる生活かという根本的な問題に、可能な選択肢を提供すること。

要 旨

思考力・判断力・表現力

1 空欄に本文中の語句を入れて、全体の要旨を整理しなさい。

今日の人間の〔ア〕に対する破壊的関係について考えるには『ロビンソン・クルーソー』で描かれる〔イ〕的行動様式が役立つ。人間は自然をも自らの〔ウ〕的な計算と設計によって管理〔エ〕しようとしたが、自分も自然の中に生きる一員だということを忘れ、ほかの生物や環境との〔オ〕関係を乱してしまった。人間における自然と文化の関係を問い直すなら、近代ヨーロッパ的人間だけでなく人間のさまざまな〔カ〕に目を配るべきだ。

2 右を参考にして、要旨を百字以内にまとめなさい。

内容の理解

思考力・判断力・表現力

第一段落（初め〜p.144 ℓ.5）

1 「『人間における自然と文化』の関係」（一四四・1）とあるが、この関係を言い換えて説明している箇所を同じ形式段落の中から二十字で抜き出しなさい。

第二段落（p.144 ℓ.6〜p.148 ℓ.8）

2 第二段落をさらに三つのまとまりに分ける場合、どこで分けるのが適当か。二つ目と三つ目のまとまりの初めの七字を書きなさい。（句読点を含む）　▼学習一

二つ目

三つ目

3 「この経済体制のもとで……自然に対する態度の特徴をまず明らかにしなければなりません。」（一四・8〜9）とあるが、筆者がこのように述べる理由を、解答欄の形式に合うように、四十字以内で説明しなさい。

4 ロビンソンが難破船や島で見つけた「小麦」や「山羊」は、「資本主義」という経済体制」における何に相当するか。次から選びなさい。　▼脚問2

＿＿＿が重なるから。

ア 利潤　イ 労働力　ウ 市場　エ 資本

〔　　〕

第二段落（p.144 ℓ.6〜p.148 ℓ.8）

5 「こうしたロビンソンの行動」（一四七・10）とあるが、ロビンソンの行動の例は、どういうことを示しているか。適当なものを次から選びなさい。

ア 享楽を伴う行動が、明日の生活に不利益をもたらすこと。

イ 労苦が伴うが、将来の生活の予測がつけられること。

ウ 労苦ばかりで享楽がなくても、働く義務があること。

エ 今食べ尽くさないことが、環境保全につながること。

〔　　〕

6 「ロビンソンという人間のもう一つの特徴」（一四七・9）を本文中から二十六字で抜き出し、初めと終わりの五字で答えなさい。

〔　　　〕〜〔　　　〕

7 「ロビンソンのような『働き人間』が、どうして資本主義には不可欠なのでしょうか。」（一四七・14）について、次の問いに答えなさい。

(1)「働き人間」とはどのような人間か。解答欄の形式に合うように、本文中から五十字程度で抜き出し、初めと終わりの五字で答えなさい。

〔　　　〕〜〔　　　〕人間。

(2) ▶新傾向　この問いの答えを次のようにノートにまとめた。空欄にあてはまる語句を本文中から抜き出して答えなさい。

ロビンソン型ではない伝統的な考え方をする労働者の関心

｜これまでと同じ〔 ① 〕を得るためにどれだけの〔 ② 〕をすれば足りるか。｜

企業家が生産量を二倍に増やそうとこの人たちの賃金を二倍にする

↓

〔 ③ 〕が半分になる＝生産量は増えない

利潤の獲得を目的とする資本主義には、「働き人間」が必要

① 　　② 　　③

64

ロビンソン的人間と自然

⑧「ロビンソン・クルーソーの遠い子孫である私たち」（一四七・3）という表現は、何を強調するために用いられているか。適当なものを次から選びなさい。

▼脚問**5**

ア　ロビンソンと同様に、現代に生きる私たちも資本主義経済体制に組み込まれて労苦ばかり増えていること。

イ　ロビンソンと同様に、資本主義経済体制の中で生きる私たちも自身の財産を増やすことに価値を見いだすということ。

ウ　ロビンソンと同様に資本主義経済体制の中にいるが、私たちは短時間で同じ報酬を得る方法を獲得したということ。

エ　ロビンソンと同様に私たちも、将来の享楽のために財産を増やすことをおのれの義務と考えていること。

⑨「この二つの生活観」（一四七・15）とあるが、それぞれどのような生活観か。それぞれ三十字程度で抜き出しなさい。

〔　　　　　〕

⑩「クワキウトル族に見られる『ポトラッチ』という風習がそれです。」（一四八・4）について、「それ」の指示内容を本文中から二十二字で抜き出しなさい。

⑪「全地球規模での自然破壊を引き起こした原因」（一四八・9）について、次の問いに答えなさい。

(1)この「原因」を十三字で述べた箇所を本文中から抜き出しなさい。

(2)(1)は具体的にどのような内容か。第三段落（一四八・9〜終わり）中の語句を用いて二点答えなさい。

〔　　　　　〕　〔　　　　　〕

⑫筆者の主張と合致するものを、次から選びなさい。

ア　ロビンソン・クルーソーの行動様式は、資本主義の経済体制を知るうえでとても参考になるので、今後私たちはこの行動様式をまねて、資本主義を発展させていかなければならない。

イ　私たちは近代ヨーロッパという限られた地域で「ロビンソン的人間」が行った大規模な生態系破壊を反省し、考え方をロビンソン型ではない伝統的なものに変えていかなければならない。

ウ　今日の状況を反省し、人間における自然と文化の関係を問い直すならば、ロビンソン的人間だけでなく、人間のさまざまな生活形態に目を配り、人間にとって真に必要なものとは何かを考えなければならない。

エ　ロビンソンのような「明日を計算して生活できる」人間は資本主義的経済体制には不可欠なので、ほかの価値観を持つ地域にもロビンソン的人間が増えるようはたらきかけなければならない。

〔　　　　　〕

デザインの本意（原研哉）

教科書 p.152〜p.155

検印

漢字

知識・技能

1 太字の仮名を漢字に直しなさい。

p.152
- ℓ.1 ①作るこうい〔　　〕。
- ℓ.5 ②ちぢ〔　　〕れた毛糸。
- ℓ.6 ③ぼうだい〔　　〕な知恵。
- ℓ.13 ④封筒に切手をは〔　　〕る。

p.153
- ℓ.3 ⑤こうぶつ〔　　〕の結晶。
- ℓ.6 ⑥期限をえんちょう〔　　〕する。
- ℓ.9 ⑦マンホールのふた〔　　〕。
- ℓ.11 ⑧かんぺき〔　　〕な正円の穴。

p.154
- ℓ.3 ⑨自然のちつじょ〔　　〕。
- ℓ.4 ⑩球技がじょうたつ〔　　〕する。
- ℓ.8 ⑪人の行為のふへんせい〔　　〕する。
- ℓ.10 ⑫文化がじゅくせい〔　　〕する。
- ℓ.11 ⑬せいこう〔　　〕な球を作る。
- ℓ.11 ⑭暮らしをけいはつ〔　　〕する。
- ℓ.13 ⑮窓にすいてき〔　　〕がつく。
- ℓ.14 ⑯流れにけんま〔　　〕された。
- ℓ.17 ⑰富をちくせき〔　　〕する。

2 太字の漢字の読みを記しなさい。

p.152
- ℓ.6 ①知恵の堆積〔　　〕。
- ℓ.7 ②意識が覚醒〔　　〕する。
- ℓ.10 ③階段を昇降〔　　〕する。
- ℓ.13 ④便箋〔　　〕を買う。

p.153
- ℓ.3 ⑤結晶は造化〔　　〕の妙だ。
- ℓ.7 ⑥幾何学〔　　〕的な模様。
- ℓ.11 ⑦運動に即応〔　　〕する。
- ℓ.13 ⑧合理性に立脚〔　　〕する。
- ℓ.14 ⑨品質が劣〔　　〕る。

p.154
- ℓ.2 ⑩並行〔　　〕して進む。
- ℓ.2 ⑪物理法則の表象〔　　〕。
- ℓ.8 ⑫優〔　　〕れたデザイン。
- ℓ.13 ⑬遠大〔　　〕なる計画。
- ℓ.13 ⑭暮らしの営〔　　〕み。
- ℓ.13 ⑮反復が形を育〔　　〕む。
- ℓ.16 ⑯志〔　　〕を持つ。
- ℓ.18 ⑰経済の勃興〔　　〕。

語句

知識・技能

1 次の太字の語句の意味を調べなさい。

- p.152 ℓ.3 ①気づくということの中にデザインの本意がある。〔　　〕
- p.153 ℓ.3 ②薬の効果が発現する。〔　　〕
- p.152 ℓ.1 ③球体の運動は物理法則の明快な表象だ。〔　　〕

2 次の空欄に「不・無・未」のうち適当なものを入れなさい。

- p.152 ℓ.1 ①〔　　〕意識
- p.152 ℓ.3 ②〔　　〕本意
- p.153 ℓ.1 ③〔　　〕自然
- p.153 ℓ.3 ④〔　　〕確認
- p.154 ℓ.16 ⑤〔　　〕計画

3 次の語句を使って短文を作りなさい。

- p.152 ℓ.2 ①介する〔　　〕
- p.154 ℓ.9 ②ゆえん〔　　〕

論理の把握 　思考力・判断力・表現力

❶ 空欄に本文中の語句を入れて、内容を整理しなさい。

第四段落 (p.154 ℓ.13～終わり)	第三段落 (p.153 ℓ.16～p.154 ℓ.12)		第二段落 (p.152 ℓ.9～p.153 ℓ.15)				第一段落 (初め～p.152 ℓ.8)
結論	筆者の 主張	根拠③	根拠①・②				筆者の主張

第一段落　筆者の主張

主張　デザインとは何か
・物の形を生み出すだけの思想ではなく、物を介して暮らしや環境の〔ア　　　〕を考える生活の思想でもある。
・作ることと同様に、人間が生きている環境の中から〔イ　　　〕ことの中にも、〔ウ　　　〕がある。

第二段落　根拠①・②

根拠①　四角い形のデザイン
手を用いて葉を折ることで、身近な環境から直線と〔エ　　　〕を発見すること
→四角は最も身近な〔オ　　　〕あるいは幾何学原理→多様な四角いデザインができた。

根拠②　円形のデザイン
二本の手が〔カ　　　〕という運動に即応して探り当てた。
簡潔な〔キ　　　〕

根拠①、②より
→人間と世界の関係の中に〔ク　　　〕＝四角と円〔　　　〕に立脚した知恵の集積を築いていく基本

第三段落　根拠③

根拠③　丸い形のデザイン
球技の技能の上達のために、〔ケ　　　〕に近いボールを生み出す技術精度が向上した。

筆者の主張

主張　デザインが人の行為の本質に寄り添っていないと暮らしも文化も〔コ　　　〕していかない。

第四段落　結論

結論
・速度と変化を同時に突きつけてくる〔サ　　　〕を持って形を作り環境をなすこと
・〔シ　　　〕を目ざすだけでは得られない豊かさを作ること
〔ス　　　〕の中でのデザインとは

要旨 　思考力・判断力・表現力

❶ 空欄に本文中の語句を入れて、全体の要旨を整理しなさい。

デザインとは生み出すだけの思想ではなく、暮らしや〔ア　　　〕の本質を考える生活の思想でもあるため、気づくことの中にもデザインの〔イ　　　〕がある。優れたデザインは人の行為の〔ウ　　　〕を表象しており、デザイナーたちは〔エ　　　〕を啓発する物の形を探求してきた。近代社会の成立とともに人々が生み出した、〔オ　　　〕を持って形を作り環境をなすという着想こそがデザインであり、〔カ　　　〕の勃興を目ざすだけでは得られない豊かさを作るということである。

❷ 右を参考にして、要旨を百字以内にまとめなさい。

第一段落 （初め〜p.152 ℓ.8）

1 筆者の考える「デザイン」（一五二・1）とはどのようなものか。第一段落の中から二十五字以内で抜き出しなさい。

2 『デザインの本意』（一五二・3）と同じ意味の表現を、第一段落の中から八字で抜き出しなさい。

3 「気づくということの中にもデザインの本意がある。」（一五二・3）について、次の問いに答えなさい。

(1) 「気づく」とほぼ同意の表現を、本文中から六字で抜き出しなさい。

(2) 何に「気づく」のか。二十五字以内で答えなさい。

第二段落 （p.152 ℓ.9〜p.153 ℓ.15）

4 人間が「環境を四角くデザインした」（一五二・1）のはなぜか。本文中の語句を用いて三十五字以内で答えなさい。

5 「最先端のパソコンもスマホも、そのフォルムは古典的なのだ。」（一五二・8）というのはなぜか。次から選びなさい。

ア　直線や直角からなる四角は、二本の手を用いれば簡単に作り出せるから。

イ　四角は、人間が昔からさまざまなデザインに用いてきた身近な形だから。

ウ　人間は四角のような、比較的簡単に具体化できる形によるデザインを好むから。

エ　人間は、デザインにおいては四角にこだわり、他の形に挑戦することを好まないから。

6 「円もまた、人間が好きな形の一つである。」（一五三・9）とあるが、筆者はその理由をどのように考えているか。本文中の語句を用いて三十字以内で説明しなさい。

第三段落 （p.153 ℓ.16〜p.154 ℓ.12）

7 「近代科学の発達と球技の発達は並行して進んできた」（一五四・1）とはどういうことか。次から選びなさい。

ア　人が自然の秩序や法則を知ったことから、ボールのリアクションも一定となったということ。

イ　球体の運動は物理法則の表象だと知って、人は球技を楽しむようになったということ。

ウ　完全な球体に近いボールがあって初めて、人は球技をするようになったということ。

エ　人は、発見した物理法則を、球体の運動である球技をすることで再確認してきたということ。

8 「ボールが丸くないと、球技の上達は起こり得ない」（一五四・3）とあるが、そのように言えるのはなぜか。解答欄の形式に合うように、本文中の語句を用いて三十字以内で説明しなさい。

完全な球体でないと

9 「優れたデザインは人の行為の普遍性を表象している。」（一五四・8）とはどのようなことか。次から選びなさい。

ア 美しいデザインは、どんな時代のどの国の人からも「美しい」と認められるということ。

イ 優れたデザインとは暮らしや文化を熟成させる力を持つような、人の行為の本質に寄り添ったものであるということ。

ウ デザインの本質を突き詰めていくと、誰がどのように取り組んでも同じデザインにたどり着くこと。

エ 優れたデザインは、表面的には違っても本質的にはすべて同じであること。

10 「形を見いだそうと努力する」（一五四・11）とあるが、ここでの「形」とはどのようなものことを言っているか。本文中から十五字以内で抜き出しなさい。

11 「水流に身を任せて」（一五四・14）とはどのようなことをたとえたものか。次から選びなさい。

ア 近代科学の発展に逆らわずに、ということ。

イ 暮らしの営みの反復に委ねて、ということ。

ウ 暮らしや文化の熟成に合わせて、ということ。

エ デザイナーの努力に任せて、ということ。

12 【新傾向】 「暮らしの営みの反復が形を育む」（一五四・13）について、国語の授業中にグループのメンバーで話し合いをしている。空欄にあてはまる語句を、本文中から二十字で抜き出しなさい。

生徒A：本文の「暮らしの営みの反復が形を育む」という表現が私にはうまく理解できなかったのだけれど、みんなはどう？

生徒B：確かにわかりにくい表現だよね。私もうまく理解しているわけではないけれど、抽象化されている部分を具体化して理解すればいいと思うよ。具体的には、日々の暮らしを大切にすることを伝えようとしているのではないかな。

生徒C：私もBさんと同じように具体化することに賛成です。でも、Bさんの説明はもっと具体化できると思うよ。「反復が形を育む」という部分の説明が足りないんじゃないかな。この部分のあとにある「　　　」が言い換えになっていると思うんだけど。

生徒D：つまり、わかりやすく言い換えると、日々の暮らしを営む中から物の必然的な形が生み出されるということだね。

生徒A：なるほど。そう考えればいいんだね。

13 筆者はデザインをどのように結論づけているか。第四段落の中から十六字で抜き出しなさい。

「動機の語彙論」という視点（鈴木智之）

教科書 p.156〜p.160

検印

漢字

1 太字の仮名を漢字に直しなさい。

p.156
- ① ℓ.5 [じょうしき]的に考える。
- ② ℓ.7 変化の[かてい]を見る。
- ③ ℓ.10 動機が[けいせい]される。
- ④ ℓ.17 当時の思いを[そうき]する。
- ⑤ ℓ.18 課題を[ていじ]する。

p.157
- ⑥ ℓ.6 講義を[じゅこう]する。
- ⑦ ℓ.9 異なる[かいしゃく]をする。
- ⑧ ℓ.12 事情を[こうりょ]する。
- ⑨ ℓ.12 [しゅうしょく]活動をする。

p.158
- ⑩ ℓ.6 問題を[にんしき]する。
- ⑪ ℓ.8 理由を[すいさつ]する。
- ⑫ ℓ.13 [しょうてん]を当てる。

p.159
- ⑬ ℓ.3 裕福な[しさんか]。
- ⑭ ℓ.3 [けいざい]学を学ぶ。
- ⑮ ℓ.9 [ふくすう]の回答がある。
- ⑯ ℓ.14 語彙を[しゅうとく]する。
- ⑰ ℓ.17 工場に[どういん]される。

2 太字の漢字の読みを記しなさい。

p.156
- ① ℓ.1 [行為]の動機。
- ② ℓ.2 [導]いてくれた。
- ③ ℓ.3 何らかの[意図]がある。
- ④ ℓ.8 事情を[了解]する。
- ⑤ ℓ.10 不正が[発覚]する。
- ⑥ ℓ.12 一年[留年]する。

p.157
- ⑦ ℓ.2 考えが[不都合]だ。
- ⑧ ℓ.6 朝起きて歯を[磨]く。
- ⑨ ℓ.6 [挨拶]を交わす。

p.158
- ⑩ ℓ.1 [虚心]に見つめる。
- ⑪ ℓ.2 他人に評価[]される。
- ⑫ ℓ.4 意見を[表明]する。
- ⑬ ℓ.11 心に根ざした源泉[]。
- ⑭ ℓ.15 [語彙]が少ない。

p.159
- ⑮ ℓ.7 [目前]の状況。
- ⑯ ℓ.8 [好]ましい性格。
- ⑰ ℓ.14 ポイントを[付与]する。

知識・技能

語句

1 次の太字の語句の意味を調べなさい。

- ① p.156 ℓ.1 行為の[動機]を理解する。
- ② p.158 ℓ.11 [心理状態]に根ざす。
- ③ p.158 ℓ.11 [行為の源泉]である。

2 次の語の対義語を答えなさい。

- ① p.156 ℓ.2 客観 ↔
- ② p.157 ℓ.17 事後 ↔
- ③ p.158 ℓ.6 明示 ↔
- ④ p.158 ℓ.12 共有 ↔

3 次の語句を使って短文を作りなさい。

- ① p.156 ℓ.7 想定する
- ② p.159 ℓ.18 先取り

知識・技能

左欄外：「動機の語彙論」という視点

① 論理の把握

空欄に本文中の語句を入れて、内容を整理しなさい。　〔思考力・判断力・表現力〕

第一段落 (初め〜p.156 ℓ.9)	第二段落 (p.156 ℓ.10〜p.157 ℓ.4)	第三段落 (p.157 ℓ.5〜p.158 ℓ.10)	第四段落 (p.158 ℓ.11〜p.158 ℓ.15)	第五段落 (p.158 ℓ.16〜終わり)
問題提起と一般論	一般論の具体化	反論と筆者の主張	筆者の主張	結論

第一段落（問題提起と一般論）

社会現象の解明を目ざすとき…行為の〔ア　〕を理解する作業が必要

動機…どこにあって→行為者の〔イ　〕

…どのように形作られているのか→行為に〔ウ　〕づいて行為がなされ、事後または〔エ　〕に動機が解釈され理解される

第二段落（一般論の具体化）

具体例
→動機がこの学生の〔オ　〕にあって、それが導いた＝一般的な想定

試験で学生の〔カ　〕が発覚した場合の例

第三段落（反論と筆者の主張）

反論
① 反復的行為・反射的行為の場合
② 行為の時点で明確な動機が不明の場合
③ 初めから他者に〔キ　〕してもらえるかを考慮する場合

反論から導き出される、動機と行為の関係＝筆者の主張①
・動機はすべての行為について〔ク　〕に問われるわけではない
・動機は必ずしも行為に先立って行為者の〔ケ　〕にあるわけではない
・動機は〔コ　〕または〔サ　〕によって後から理由が推察されることもある

動機表現と動機理解の関係＝筆者の主張②
・動機は人に伝えることができ、〔シ　〕され得るものでなければならない

第四段落（筆者の主張）

⇩「適切な動機」を言い表すために使われるのが「〔ス　〕」
・動機は、「〔セ　〕と共有されるべき説明」＝筆者の主張③
・動機〔ソ　〕の行為の源泉であるだけでなく、行為の理由についての〔タ　〕

第五段落（結論）

結論
「動機の語彙」の習得＝〔チ　〕
・動機…互いの行為を提示し合い、〔　〕し合っていく中で組織される〔　〕の反応の学習という一面を持つ

① 要旨

空欄に本文中の語句を入れて、全体の要旨を整理しなさい。　〔思考力・判断力・表現力〕

社会現象を解明するとき、〔ア　〕を理解する作業が必要になる。動機はあらかじめ行為者の〔イ　〕の中に存在すると想定されている。しかし、それだけではなく、他人に〔ウ　〕してもらえるように行為の理由を考えることもある。つまり、〔エ　〕を学習し、使いこなしている。動機は閉ざされた〔オ　〕の中にあるのではなく、人々の関係性の中で組織される。「動機の語彙」の習得には〔カ　〕の学習という一面もある。

②

右を参考にして、要旨を百字以内にまとめなさい。

内容の理解

思考力・判断力・表現力

1 「私たちは行為の動機を理解するという作業を欠かすことができない。」(一五六・1) とあるが、それはなぜか。次の文の空欄にあてはまる語句を、解答欄に合うように本文中から抜き出して答えなさい。

人間の行為が〔 ① 〕から〔 ② 〕へと導かれるものではなく、〔 ③ 〕によって引き起こされるものと見なされているから。

①
②
③

2 「『動機』とは一体何だろうか。それはどこにあって、どのように形作られているのだろうか。」(一五六・5) について、次の問いに答えなさい。

(1) 本文で「常識的」と考えられている「動機」の定義を、本文中の言葉を用いて四十字以内で説明しなさい。

(2) (1)をふまえると、動機を理解するとはどのような過程か、本文中から四十八字で抜き出し、初めと終わりの五字で答えなさい。

3 「そのように見える場面」(一五六・10) とあるが、「そのように」の指示内容を本文中から五十字以内で抜き出し、始めと終わりの五字で答えなさい。

〔 〜 〕

4 「一般に想定される『動機』と『行為』の関係」(一五七・3) の説明として適切なものを、次から選びなさい。

ア ある行為をするに至った動機は、いつ誰から問われても大丈夫なように行為を行う前に完璧に準備しておくべきである。

イ ある行為をするに至った動機は、行為の前に考えたり、行為の後に考えたりするので両者の関係に一貫性はない。

ウ ある行為をするに至った動機は、不正が発覚した際に言い訳できるようにあらかじめ心の中にしておくのがよい。

エ ある行為をするに至った動機は、あらかじめ心の中にあり、行為の前もしくは事後的に振り返って言語化される。

〔 〕

5 新傾向 「そういう行動」(一五七・10) にあてはまらないものを次から選びなさい。

ア 火にかかっている鍋のふちに手が触れて、思わず引っ込める。

イ 廊下ですれ違った先生に会釈をする。

ウ 朝、起きて顔を洗う。

エ 好きな歌手のコンサートのチケットを買うために並ぶ。

〔 〕

6 「なぜこの会社に入りたいのかを自問するだけでは十分ではない。」(一五八・1) とあるが、なぜ「十分ではない」のか。解答欄の形式に合うように、本文中から二十字程度で抜き出して答えなさい。

〔 を考える必要があるから。〕

7 「他者に向けて表明される動機」(一五六・4) にはどのような特徴があるか。第三段落中から十一字で抜き出しなさい。

72

「動機の語彙論」という視点

8 「動機の語彙」（一五八・15）について説明したものとして適切なものを次から選びなさい。

ア　動機は、他者の影響を強く受けるものであり、社会のほかのメンバーに理解してもらう必要があるので、できる限り平易な言葉で表現する必要がある。

イ　動機は、単に本人だけでなく、社会における他のメンバーも理解できるものとして言語化され伝えられる必要があるため、適切に言い表せるような言語表現のレパートリーが必要となる。

ウ　動機は、表現方法と密接に結びついているため、他のメンバーと積極的に交流する中で、互いに理解をしていくのに必要な言語表現のレパートリーを習得することができる。

エ　動機は、今の日本社会では重要視されておらず、自分が行った行為に対して後から説明することができれば十分であるので、最低限の言語レパートリーがあればよい。

9 「それをすんなり理解できる人はほとんどいないだろう。」（一五九・5）とあるが、なぜ理解できる人がほとんどいないのか。解答欄の形式に合うように、本文中から二十一字で抜き出して答えなさい。

〔　　　　　　　　　　〕ていないから。

10 「動機の適切性の感覚」（一五九・9）について説明した次の文の空欄にあてはまる語句を、本文中から抜き出して答えなさい。

目前の状況とそこでなされる〔　①　〕を用いればその理由が〔　②　〕と思われたり、〔　③　〕の〔　④　〕されなかったりするのかを判断する感覚。

①〔　　　　　〕　②〔　　　　　〕

11 「ある行為の動機が人に伝わるかどうか、……先取り的に判断されているのである。」（一五九・17〜18）とはどういうことか。次から選びなさい。

ア　ある行為をする動機をどういう言葉で説明すれば受け入れられるかは、あらかじめ予測されているということ。

イ　ある行為をする動機が人からよく理解されるように、日ごろからよい行いをしておくということ。

ウ　ある行為をする動機を説明するためには、世の中の法律から外れないようにすることが何よりも大切であるということ。

エ　ある行為をする動機を多くの人に理解してもらうためには、一般的なスピードよりも早く発言する必要があるということ。

③〔　　　　　〕　④〔　　　　　〕

12 新傾向 本文について、生徒が話し合いをしている。本文の内容に合致していない発言をしている生徒を次から選びなさい。

生徒A：「なぜこの会社に入りたいかを自問するだけでは十分ではない」とあるから、自分が就職試験を受けるときにも、面接官に理解してもらえる適切な志望動機を考えないといけないね。

生徒B：「僕は昨日からずっとおなかがすいています。だから僕と結婚してください。」というプロポーズは、結婚という行為と理由との関係が明確でないから世界中どこでも理解されないよ。

生徒C：行為の理由を伝えるときの「その場にふさわしい、人にわかってもらえるような言葉」は、他の人がどのように受け取るかを想像したり、観察したりしないと使えるようにならないよ。

生徒D：私たちは「動機の語彙」を、結婚したい相手や就職したい会社の人だけでなく、広く周囲の人に理解してもらうために身につけているんだね。

生徒〔　　　〕

話して伝える
―話し方の工夫・待遇表現

教科書 p.162〜p.167・p.226〜p.227

知識・技能

検印

話し方の工夫

1 次の文章は、生徒が職員室で先生に放課後の補習を休みたいと申し出ている場面である。空欄①〜③に入る適切な表現を選び、記号で答えなさい。

生徒「先生、〔　①　〕」
先生「どうした。」
生徒「〔　②　〕」
先生「そうか、それならしかたがないな、休んでいいよ。」
生徒「〔　③　〕」

① ア　ちょっといい?
　 イ　お願いです。
　 ウ　今お時間よろしいですか。〔　〕

② ア　明日、どうしても補習を休まないといけないんですけどいいですか。お願いです。
　 イ　明日、家で大事な用事があるので、補習をお休みさせていただきたいと思います。
　 ウ　明日、家の用事があるんで、補習出るの無理だから。〔　〕

③ ア　ありがとうございます。じゃ、あさってからまたよろしくです。
　 イ　やったあ。先生、ありがとう。
　 ウ　ありがとうございます。あさってからまた頑張ります。〔　〕

2 次の傍線部は話し言葉である。それぞれ書き言葉に改めなさい。

① 埼玉県熊谷市は日本一暑い市<u>だって</u>聞いている。〔　〕

② 毎日<u>ちゃんと</u>勉強しよう。〔　〕

③ 日々、習い事<u>とか</u>に追われています。〔　〕

④ でも、<u>やっぱり</u>英語で話せるようになりたい。〔　〕

⑤ 約束は守らなきゃいけない。〔　〕

3 次の文章は、全校生徒に向けて活動報告を行うための原稿の一部であるが、不適切な表現が四箇所ある。例にならって、不適切な部分に傍線を引いて解答欄に抜き出し、修正しなさい。

例　それは間違い<u>じゃ</u>ないかと思いました。
〔　じゃ　〕→〔　では　〕

私たちはSDGsについて学習しました。まずSDGsとは何か、ということを、ネットで調べて整理しました。そのうえで、各自が興味を持っているテーマについて、身近な問題から取り上げつつ、解決策なんかを考えました。すごく難しいテーマでしたが、みんなで協力してまとめることができきました。

〔　〕→〔　〕
〔　〕→〔　〕
〔　〕→〔　〕
〔　〕→〔　〕

待遇表現

1 次の傍線部の敬語の種類を選び、記号で答えなさい。

① 辞書はこちらにございます。

② そのご意見はごもっともです。

③ 貴重な話をうかがう。

④ あなたのおっしゃる意味がわかりません。

⑤ 筆記用具は弊社でご用意いたします。

⑥ はじめまして。わたくしは鈴木と申します。

　ア　尊敬語　　イ　謙譲語　　ウ　丁重語　　エ　丁寧語　　オ　美化語

2 次の言葉を〈　　〉内の敬語に書き改めなさい。

① 食べる〈尊敬語〉

② 見る〈謙譲語〉

③ 買い物〈美化語〉

④ する〈尊敬語〉

⑤ 知る〈謙譲語〉

⑥ 寝る〈尊敬語〉

3 次の各文の敬語表現に不適切な箇所があれば線を引き、修正したものを解答欄に書きなさい。直す必要のない場合は○を書きなさい。

① 先生が申されたことを、私はノートに書き留めた。

② あなたはもう夕食をいただきましたか。

③ お母さんが、先生にお目にかかりたいと申しておりました。

④ 忘れ物をいたしませんよう、お気をつけください。

⑤ あなたは先日先生にお会いになりましたか。

⑥ 理事長は五時にこちらにいらっしゃられるはずです。

4 次の各文を、[　　]内の状況に合うように修正しなさい。

① もうお手紙を書きましたか。[生徒が校長先生に対して]

② その話は私も社長から聞いています。[部下が上司に対して]

③ 明日、発表会に来てくれるんですか。[習い事の先生に対して]

④ ご記入いただいたアンケートを見ました。[店員が客に対して]

話して伝える―話し方の工夫・待遇表現

書いて伝える①
——表記・表現の基本ルール

教科書 p.194〜p.195

検印

知識・技能

表記

1 次の各文の傍線部を、適切な表記に修正しなさい。

① 交番で聞いたとおりに歩いたが、迷ってしまった。

② 中学生のときよりも成績が上った。

③ 彼は情報工学研究の第1人者だ。

④ 今日は休んでしまいましたが、明日は必らず行きます。

2 次の各文について、例にならって、表記の誤っている部分に傍線を引き、修正しなさい。

例　庭でこうろぎが鳴いている。〔こおろぎ〕

① みんなに二つづつお菓子を配る。

② 「こんにちわ」と言った途端に石につまずいた。

③ けがのため、大会出場は諦めざるおえない。

④ 母のゆうとおり、午後から雪が降ってきた。

3 次のひらがなを漢字と送り仮名に改めたものとして正しいものを選び、記号で答えなさい。

① あやうい　　（ア 危い　　イ 危うい　　ウ 危やうい）

② くやしい　　（ア 悔い　　イ 悔しい　　ウ 悔やしい）

③ おちいる　　（ア 陥る　　イ 陥いる　　ウ 陥ちいる）

④ みずから　　（ア 自ら　　イ 自から　　ウ 自ずから）

⑤ あたらしい　（ア 新い　　イ 新しい　　ウ 新らしい）

⑥ はたらき　　（ア 働き　　イ 働らき　　ウ 働たらき）

⑦ ほがらかな　（ア 朗な　　イ 朗かな　　ウ 朗らかな）

4 次の各文の傍線部を、適切な表記に修正しなさい。

① ここに荷物を置かさせてください。

② 彼は熱いお茶は飲めれない。

③ 間違っているから直しとく必要がある。

④ 今日は、あのお店は閉まってる。

1

次の各文は、係り受けに問題がある文である。その理由として適当なものを次のア〜オの中から選び、記号で答えなさい。さらに適切な文になるように修正し、全文を解答欄に書きなさい。

知識・技能

① 私の夢は、父の後を継いで農業をしようと思います。〔　〕

② 手紙を書いたり作文を書くのは好きだ。〔　〕

③ 事故の知らせを聞いて、山本君はさぞかし驚いた。〔　〕

④ クラス全員への納得させるのは簡単ではなかった。〔　〕

⑤ 車内での化粧をするのは迷惑だ。〔　〕

ア　主述の関係の乱れ　　イ　修飾・被修飾の関係の乱れ

ウ　副詞の呼応の乱れ　　エ　並列関係の乱れ

オ　動詞とその周辺の助詞の間違い

書いて伝える①──表記・表現の基本ルール

2

次の各文は不適切な文になっている。正しい文になるように、傍線部を修正しなさい。正しい文になっている。

① 私の長所は物事を最後まで<u>やり遂げる</u>。

② 一説によると、浮世絵が西洋への輸出品の<u>緩衝材として使っていた</u>。

③ 改革は決して<u>容易である</u>。

④ 彼は徹夜を続けていたため、<u>病気の原因になった</u>。

⑤ ここでの花火を<u>することは禁止されている</u>。

⑥ 海外での日本人選手の活躍ぶりを見ると、知らず知らずのうちに<u>勇気を与えてくれる</u>。

77

3 次の各文は二通りの意味に解釈できる。例にならって二つの解釈を誤解のない表現に書き換えなさい。（語句をつけ加えたり、語順を入れ替えたりしてもよい）

例　貧しい彼の少年時代の夢は、サッカー選手になることだった。

〔今は貧しい彼の、少年時代の夢は、サッカー選手になることだった。〕

〔彼の貧しかった少年時代の夢は、サッカー選手になることだった。〕

① 重そうないくつもの鍵がついた鍵束を見つけた。

〔　　　　　　　　　　　〕

〔　　　　　　　　　　　〕

② 刑事はひそかに逃げ出した犯人を追った。

〔　　　　　　　　　　　〕

〔　　　　　　　　　　　〕

③ 僕は佐藤君のように速く走れない。

〔　　　　　　　　　　　〕

〔　　　　　　　　　　　〕

④ 今日の委員会は、一年生と二年生四人が欠席だ。

〔　　　　　　　　　　　〕

〔　　　　　　　　　　　〕

⑤ 僕は妹に自分の部屋を片付けてほしいと言った。

〔　　　　　　　　　　　〕

〔　　　　　　　　　　　〕

4 次の各文中の（　）内に入る語として適当なものを選択肢から選び、記号で答えなさい。

① たとえ夜遅くなったとし（ア　ても　イ　たら　ウ　ないで）、必ず持っていく。

② まさか優勝候補が予選落ちなどということはない（ア　かもしれない　イ　のである　ウ　だろう）。

③ 本当に起こった出来事とはとうてい信じられ（ア　る　イ　ない　ウ　みます）。

④ どうぞお好きなものを召し上がって（ア　ください　イ　はいけません　ウ　うだ）。

⑤ あたかも自分が見つけたかの（ア　である　イ　ものだ　ウ　よ　うだ）。

⑥ 有名人の彼とぜひとも友達になり（ア　そうだ　イ　たい　ウ　かねない）。

5 次の文章を、常体の書き言葉に改めて解答欄に書きなさい。

地球には不思議な生物がすんでいます。こう聞くと雪男やツチノコなんかを想像しがちですが、それは人間の世界から考えて不思議なだけで、生物学的にはそんなに奇怪なことじゃありません。

〔　　　　　　　　　　　〕

書いて伝える②

──接続表現

教科書 p.196〜p.197

検印

表現

知識・技能

1 次の各文の空欄に、接続表現を補いなさい。

① 氷は水より密度が小さい。〔　　　、氷は水の上に浮く。

② 砂漠化は深刻な問題だ。〔　　　、日本ではあまり議論されない。

③ 彼は勇敢なのか。〔　　　、単に無鉄砲なだけなのか。

④ 彼はお金を貯めている。〔　　　、一年後に留学したいからだ。

⑤ この件は以上です。〔　　　、次の議題に移りましょう。

```
① 〔        〕    ② 〔        〕    ③ 〔        〕
④ 〔        〕    ⑤ 〔        〕
```

2 次の文を並び替えて意味の通る文章にしなさい。

ア　しかし、これらの資源は無限には存在しない。

イ　では、その新しいエネルギー源を何に求めればよいのだろうか。

ウ　もちろん、これらがすぐ現在の地下資源エネルギーに取って代わることができるわけではない。

エ　現在、私たち人間は石油や石炭などの地下資源を活用してエネルギーを得ている。

オ　したがって人類はいずれ訪れる資源の枯渇に備え、新しいエネルギー源を探さねばならない。

カ　たとえば風力、太陽、地熱などの活用が考えられる。

キ　つまり、使えばなくなってしまうものなのである。

ク　だが、百年、二百年先のことを考えれば今すぐとりかからなければならない。

3 次のA〜Dの文が意味の通る文章になるようにB〜Dを並べ替え、さらに空欄①〜③に入る適切な接続表現を、それぞれ補いなさい。

1　A 植物は自分で動いて食べ物を手に入れることはできない。

B 〔　　①　　〕、私たちは植物を大切にしなくてはならない。

C 〔　　②　　〕、その過程で酸素を作り出してもくれるのだ。

D 〔　　③　　〕、光合成によって体内で栄養分を作ることができる。

```
A → 〔   〕→〔   〕→〔   〕
① 〔        〕  ② 〔        〕  ③ 〔        〕
```

2　A 今年の夏は猛暑だと言われている。

B 〔　　①　　〕、我々も今から節水を心掛けよう。

C 〔　　②　　〕、今年は梅雨にあまり雨が降らなかった。

D 〔　　③　　〕、水不足が懸念されている。

```
A → 〔   〕→〔   〕→〔   〕
① 〔        〕  ② 〔        〕  ③ 〔        〕
```

3　A 日本人は近代になって洋服を着ることが一般的になった。

B 〔　　①　　〕、最近では若者の間で再び着物の人気が高まっている。

C 〔　　②　　〕、伝統文化が新しい流行として復活したと言えよう。

D 〔　　③　　〕、彼らは着物を目新しいファッションとして見ているからだ。

```
A → 〔   〕→〔   〕→〔   〕
① 〔        〕  ② 〔        〕  ③ 〔        〕
```

④ 次の四つの文を、あとの指示に従って二文にまとめなさい。（必要に応じて順番や文末などを変えてよい）

A レオナルド・ダ・ヴィンチは天才だと言われた。

B 絵画のみならず設計・発明も手がけた。

C 下書きや未完の作品が多い。

D 彼には飽き性という欠点があった。

(1) A・BとC・Dの二文に分け、二文目冒頭に「しかし」を使う。

〔　　　　　　　　〕

(2) A・BとCとDの二文に分け、二文目冒頭に「なぜなら」を使う。

〔　　　　　　　　〕

⑤ 次の二つの文を、（ ）内の接続表現を用いて一つの文にまとめなさい。

① 「第一志望の大学に合格した。」「夏休みに猛勉強をした。」（順接）

〔　　　　　　　　〕

② 「月は衛星なので、自ら光を発しない。」「太陽光が月を照らすので、明るく輝く。」（逆接）

〔　　　　　　　　〕

⑥ 次の各文の因果関係が成立する状況として適切なものを、あとのア〜ウからそれぞれ選び、記号で答えなさい。

① 彼は球技が苦手だ。だから高校に入学したら野球部に入部するそうだ。

ア 彼は球技をするのが好きではない。

イ 彼の入学する高校では、何か一つ「苦手を克服する」取り組みをしないといけない決まりになっている。

ウ 彼が入学予定の高校には、球技の部活動が多く存在する。

〔　　　〕

② 明日の天気予報は雨だ。しかし、マラソン大会は中止だろう。

ア 明日のマラソン大会は、雨でも決行する予定だった。

イ 明日のマラソン大会は、雨の場合には中止する予定だった。

ウ 明日は晴れているときだけ、マラソン大会を開催する予定だった。

〔　　　〕

⑦ 次の文章の空欄に入る適切な語句を、直前にある接続表現に注意してア〜ウからそれぞれ選び、記号で答えなさい。

① グアムは晴れた空のイメージが強いが、実は雨季の降水量は非常に多い。たとえば私は雨季のグアムに五回行ったことがあるが、〔 ① 〕。

ア 一日中雨が降らなかった日は一度もない。

イ ショッピングが大好きなので、いつもお店に出かけている。

ウ 波が高く、シュノーケリングができない日が多かった。

〔　　　〕

② グアムの雨は日本の梅雨と大きく異なる。日本の梅雨の場合、雨が長時間降り続くことが多い。一方、グアムの雨季は、〔 ② 〕。

ア とにかくたくさんの雨が降る。

イ 湿度が高く、日本と同様、あまり快適な気候とは言えない。

ウ 雨量こそ多いが、短時間で止み、すぐに晴れることも多い。

〔　　　〕

比喩や例示など、文の印象を変える表現上の工夫について学ぶ。

書いて伝える③
──表現の工夫

教科書 p.198〜p.199

検印

表現

1 次のア〜コの言葉の中から、外来語を三つ選び、記号で答えなさい。

ア たばこ　イ 手品　ウ うさぎ　エ 物語　オ 人間

カ 報告　キ ぶりき　ク ふるさと　ケ かるた　コ 家屋

【　　】【　　】【　　】

2 次の各文の傍線部を、例にならって漢語に言い換えなさい。

例　二つの文章を比べる。→二つの文章を比較する。

① ルールは守らなければならない。

【　　　　　　　】

② 夜十時には寝ましょう。

【　　　　　　　】

③ 私には二つの違いがわからない。

【　　　　　　　】

3 次の同じ意味を持つ三つの言葉は、それぞれ和語・漢語・外来語のいずれか、答えなさい。

① 1 速度　2 スピード　3 速さ

1【　　】2【　　】3【　　】

② 1 ウォーキング　2 歩く　3 歩行

1【　　】2【　　】3【　　】

4 次の各文で用いられている表現上の工夫の種類を、あとのア〜キからそれぞれ選び、記号で答えなさい。

① いすに座ったまま足をぶらぶらさせる。【　　】

② 君の瞳はダイアモンドさ。【　　】

③ 今年初めて見たの。樹氷というものを。【　　】

④ 彼女は、あたかも病気であるような顔色をしていた。【　　】

⑤ 春の草原では、花たちが私にほほえんでくれる。【　　】

⑥ ドアをドンドンとたたく音がする。【　　】

⑦ あたり一面を真っ赤に染める夕陽。【　　】

⑧ 丸太がそこら中にごろごろしている。【　　】

⑨ ぺちゃくちゃおしゃべりしてはいけません。【　　】

⑩ 人生はマラソンだ。つらくとも立ち止まってはいけない。【　　】

ア 体言止め　イ 擬態語　ウ 擬音語　エ 直喩

オ 隠喩　カ 擬人法　キ 倒置法

5 次の各文の空欄にあてはまる擬態語を、あとのア〜カからそれぞれ選び、記号で答えなさい。

① 夜が更けていく。【　　】

② 驚いて彼の顔を【　　】見つめた。

③ 終わったことを【　　】言い続けるのはやめよう。

④ 彼女はこの試合にかけた思いを【　　】語り続けた。

⑤ 手こずっていた問題が【　　】解けた。

ア くどくどと　イ するすると　ウ せつせつと

エ まじまじと　オ しんしんと　カ しらじらと

さまざまな資料を読み解く

現代の社会生活で必要とされる国語の力を身につけるために、「現代の国語」で学習するさまざまな形式の文章の特徴や着眼点を整理しておこう。

実用的な文章

「実用的な文章」とは、一般的には、実社会において、具体的な何かの目的やねらいを達成するために書かれた文章のことであり、次のようなものがある。

・新聞や広報誌など報道や広報の文章
・案内、紹介、連絡、依頼などの文章
・手紙
・会議や裁判などの記録
・報告書、説明書、企画書、提案書などの実務的な文章
・法令文
・キャッチフレーズ、宣伝の文章

このほか、インターネット上のさまざまな文章や、電子メールの多くも、実用的な文章の一種と考えることができる。

実用的な文章の特徴として、読まれる相手やその文章が書かれた目的が明確であることがあげられる。その文章が誰に向けて、どのような目的で書かれたものかをつかんでおくと、内容を把握しやすくなる。

実用的な文章は、説明文や評論文といった論理的な文章に比べると、書かれている内容が平易で具体的であることが多い。しかし、一つの文章に含まれる情報量が多くなる傾向があるので、必要な情報だけを選び取って読む必要がある。どれが必要な情報でどれが不要な情報なのか、常に考えて読むようにしよう。

論理的な文章

「論理的な文章」とは、ある事象・テーマについて、筆者の問題意識や主張が展開される文章のことをさし、説明文、論説文や解説文、評論文、意見文や批評文などが含まれる。

論理的な文章を読む際には、「テーマは何か」「どのように論が展開されているか」「筆者の立場はどうか」といったことを捉えることが重要となってくる。

大学入試で論理的な文章が扱われる際には、一つの文章を読解するだけではなく、「複数の文章が提示される」「実用的な文章とセットで読まされる」「ごく短い文章が断片的に提示される」「文章に加えて図表などが示される」など、さまざまな形式で出題されることが想定される。このような場合にも落ち着いて対応できるように、資料で論じられている内容を的確につかんだうえで、相互に関連付けながら読む習慣を日ごろからつける必要がある。

また、最初に設問文を読むことで、問われている内容を押さえておくことができれば、長い文章を読む際の指針となることもある。

会話文

会話文とは、二名以上の人物が会話している場面を文章で示したもののことである。大学入試などで用いられる会話文は、ある文章を読んだ生徒どうしの対話や、生徒と先生の会話であることが多い。

会話文を読む際には、「登場人物」「登場人物どうしの関係性」「場面設定」を押さえることが重要となる。小説を読む際にも、誰と誰が会話をしていて、論点は何なのかを意識して読むことが重要であるが、会話文もそれと近いものがある。

【会話文の例とポイント】

生徒Ａ‥会話文が登場する問題が苦手です。どうしたらよいですか。

先　生‥小説の解き方と同様に考えるとよいですよ。

小説では、登場人物、人物どうしの関係、場面設定をきちんと読み取ると、だいたいの内容を把握できます。それと同じように考えてみましょう。

生徒Ａ‥なるほど、評論文の読み取りの中に一部、小説の読み取りが混じっているようなイメージなんですね。

●ポイント

場面設定…生徒Ａが会話文を含んだ問題に取り組んでいる場面。

登場人物…先生と生徒Ａの二名。

登場人物どうしの関係性…学習のやり方について、先生に気軽に質問できる関係。

グラフ・図表

資料としてグラフや図表が提示される場合は、「極端な傾向」や「違い」に注目すると読み取りのポイントが見つかりやすい。

例としてあげた二つの資料は、ある高校が校内で実施したアンケートの結果である。資料１からは「二〇一九年は二〇一七年の同月と比較して貸出冊数が増加している月が多い」「貸出冊数が最も多いのは七月」ということが読み取れる。資料２からは「朝食を毎日食べる人は八割以上いる一方、食べない日がある生徒も二割近くいる」「朝食を食べない理由は『時間がない』『食欲がない』を合わせると七割以上になる」ということが読み取れる。

出題の中にグラフや図表が含まれる場合は、問われている内容によって、着目すべきポイントが変わってくるが、基本的には数量、率が多いところ・高いところに着目するとよい。

【資料２】朝食を食べる頻度（左）と
朝食を食べない理由（右）

5% 6名
4% 5名
9% 10名
82% 97名

10% 2名
14% 3名
43% 9名
33% 7名

毎日食べる
週4〜6回
週1〜3回
食べない

時間がない
食欲がない
太りたくない
食べる習慣がない

【資料１】図書館月間図書貸出数

（冊）
600
500
400
300
200
100
0
4月 5月 6月 7月 8月 9月 10月 11月 12月 1月 2月 3月
■2017年
□2019年

【グラフの例とポイント】

・五月と十二月を除いたすべての月で、二〇一九年の貸出冊数が二〇一七年を上回っている。

・一年間を通して見ると、七月の貸出冊数が最も多い。

・朝食を毎日食べると回答した生徒の割合は八十二パーセントで最も多い。

・朝食を一日でも食べない日があると回答した生徒のうち、その理由を「時間がない」「食欲がない」と答えた者は計七十六パーセントである。

83

実践問題① 管理規約などを読み、ペット飼育について考える

Aさんの居住しているマンションでは、条件付きでペットの飼育が認められることになった。犬を飼いたいと思ったAさんは、自宅で両親と話し合いを行った。以下はそのときの会話の様子を示したものである。これを読んで、あとの問いに答えなさい。

【会話文】

Aさん：いよいよこのマンションでもペットを飼っていいことになったんだね。犬を飼いたいな。

母：犬を飼うのは大変だと思うよ。いったいどんな犬を飼いたいの。

Aさん：ブルドッグがいいと思っているんだけど。

父：ブルドッグの成犬はどれくらいの大きさになるんだ。

Aさん：インターネットで調べてみると、「体高三十三から四十一センチメートル、体重二十五キログラム前後」と書いてある。

父：そこには体長は書いてないんだね。

母：あなたはスマートフォンで何を調べているの。

父：今回改定された、マンションの管理規約　【資料１】　だよ。住民向けの説明会があったけど、マンションの住民専用ウェブサイトでも閲覧できるんだ。ペットの飼育について管理規約が追加され、具体的なことはペット飼育細則で規定するらしい。これを見ると、①ブルドッグは飼えそうにない。

Aさん：残念。ブルドッグをバルコニーに放して一緒に遊ぶのが夢だったのに。

父：その夢は、もう一つの理由からもかなわないみたいだね。ペット飼育細則では　　　　　　を禁じているよ。

Aさん：えっ、どうして。このバルコニーはわが家「専用」ではあるけど、どうしてでしょう。

母：このバルコニーはうちのものでしょう。いざと言う時の避難経路にも使われるから、完全にわが家だけのものとも言えないの。マンションの「専有部分」というのは、壁や床や天井に囲まれた居住空間のことを言うんだよ。

Aさん：うわあ、室内飼いということか。外に出られなかったら、犬にとってはストレスになるだろうな。キャンキャン鳴くかもしれない。

父：それでは犬がかわいそうだし、鳴き声がうるさいと住民トラブルにもつながりかねないよ。

Aさん：犬のストレス発散と運動不足解消のためには、できるだけ毎日散歩に連れて行かないといけないね。

母：その点、猫は散歩をさせなくていいから犬より飼いやすいと思うんだけど。

父：猫なら鳴き声問題も少ないかもしれないな。

母：最近は犬より猫のほうが人気があるみたいだし、考えてみたらどう②かな。

Aさん：いずれにしても、ペットを飼うことは大きな責任を伴うから、もっとよく調べたり話し合ったりする必要がありそうだね。

管理規約（抄）

第11条（ペットの飼育）　ペットを飼育する者は、ペット飼育細則を遵守しなければならない。ただし、他の居住者から苦情の申し出があり、改善勧告に従わない場合には、理事会は飼育禁止を含む措置をとることができる。

ペット飼育細則（抄）

第1条（趣旨）
管理規約第11条（ペットの飼育）に基づき、動物の飼育に関する規則を定める。

第2条（飼育できる動物の種類及び数）
1　飼育できる動物は、一専有部分につき2頭羽を限度とする。ただし、観賞用の小鳥・魚、及び小動物はこの限りではない。
2　犬及び猫は、体長（胸骨から尾骨まで）おおよそ五十センチメートル以内、体重おおよそ十キログラム以内とする。介護犬、盲導犬、聴導犬は適用を除外する。
3　小動物とは、籠や容器の中で飼育され、法律で飼育が認められているものとする。

第3条（飼育動物の把握）
1　ペットの飼育を希望する者は、申請書を理事長に提出すること。
2　ペットの飼育を承認された者は、理事会が発行する標識を各戸の玄関に貼付し、ペットを飼育していることを明示すること。
3　ペットが犬の場合には、毎年狂犬病予防注射を受け、鑑札と注射済票を犬に装着すること。

第4条（飼育方法）
1　ペットの飼育は専有部分で行い、廊下、エレベーター、エントランス、バルコニー、ポーチ、専用庭等の共用部分に放さないこと。
2　共用部分ではペットを抱きかかえるか籠や容器に入れるかして、逃走を防止するとともに、他の住居者に配慮すること。
3　ペットの鳴き声、悪臭、毛や羽、排泄物等により、他の居住者・近隣住民に迷惑をかけないように、責任をもって管理すること。
4　ペットは清潔に保ち、疾病予防を心がけるとともに、ノミ、ダニ等の害虫の発生防止にも留意すること。
5　ペットによる事故・汚損・破損等が発生した場合、飼育者がその責任を負い、速やかに対処すること。

内容の理解

思考力・判断力・表現力

1【資料1】を説明したものとして、適当なものを次から選びなさい。

ア マンション住民に向けて、ペットを飼育する際の取り決めを示した文書。

イ マンション住民がペット飼育について会議をした際の討議の状況や結果を記載した文書。

ウ マンション住民に向けて、マンション内でのペット飼育に関する説明会を開催することを通知する文書。

エ マンション住民に向けて、マンション内でペットを飼う際に注意すべき点を紹介する文書。

2【会話文】に傍線部①「ブルドッグは飼えそうにない。」とあるが、父がそのように判断した理由を説明した次の文の空欄に入る語句を、【資料1】「ペット飼育細則」から十五字以内で抜き出しなさい。

飼育可能な犬は、〔　　　　〕とあるが、インターネットで調べると、ブルドッグはそれより大きくなると書かれているから。

3【会話文】にある空欄にあてはまる言葉を、二十字以上二十五字以内で書きなさい。（句読点は含めない）

4【会話文】に傍線部②「最近は犬より猫のほうが人気があるみたいだ」とあるが、母は次の【資料2】を見て、このような印象を持ったようである。これをふまえて、次の問いに答えなさい。

【資料2】 平成30年度全国犬・猫推計飼育頭数

飼育頭数　犬（千頭）

2014	2015	2016	2017	2018（年）
9713	9438	9356	8920	8903

飼育頭数　猫（千頭）

2014	2015	2016	2017	2018（年）
9492	9277	9309	9526	9649

※一般社団法人　ペットフード協会
「平成30年全国犬猫飼育実態調査」による

(1) 母は【資料2】からどのような情報を読み取ったのか、答えなさい。

母は　　　　　　　　　と考えているから。

(2)(1)の理由を、母はどのように考えているか、「母は、〜と考えているから。」という形に合うように、三十字以内で答えなさい。

母は、　　　　　　　　と考えているから。

実践問題②　データを読み、商品の企画を考える

〇〇高等学校では、探究学習としてK市の観光ガイド本の企画を行うことになり、その方法を学ぶために、地元の出版社である「みやび書房」を訪問した。
〇〇高等学校は、日本でも有数の観光地であるK市にあり、みやび書房でも観光ガイド本を出版している。みやび書房の訪問を終えた生徒どうしの話し合いの様子を示した【会話文】と、K市の観光客に関するデータをまとめた【資料1】【資料2】を読んで、あとの問いに答えなさい。

【会話文】

生徒A：みやび書房で学んだことをふまえ商品企画の話を始めようか。企業訪問のときにいただいた、二〇一一年発行の修学旅行生向けの観光ガイド本、あまり売れていないそうだね。

生徒B：すごく手間がかかっている本だという話だったよね。なぜ、売れなかったんだろう。この本って、修学旅行生向けだからか、いわゆる観光ガイド本とは内容が違うよね。たとえば、観光地周辺の飲食店の情報が書かれていないし、各観光地についても、その場所の歴史と、そこにまつわる文学が紹介されている。「歴史と文学を探る」というのが、この本のコンセプトだと言われていたね。

生徒C：担当の方の説明では、「K市を訪れる修学旅行生が減ってしまったので、売れなくなってしまった。」ということだったね。それは本当なんだろうか。

生徒A：「K市を訪れる修学旅行生数の推移」を示したグラフ（【資料1】）を見てみよう。

生徒B：グラフを見ると、みやび書房の分析は　　　　　　ということがわかる。

生徒C：そもそも、修学旅行生向けなのに二千円って高くないかな。

生徒A：この本は、「文字どおり足で原稿を書いている。」と言われていたよね。観光地なら、駅から徒歩で何分かかるかということも、実際に歩いてみてから書いているそうだ。そのうえでK市の歴史と文学を探ると考えると、いい案が出るかもしれないよ。

というコンセプトで編集されているらしい。手間がかかっている分、価格が上がっているのかもしれない。

生徒B：修学旅行生がグループ研修などでK市を回るときに、この本を使って歴史と文学を勉強してもらいたいという思いで作られているということだったね。

生徒C：それはどうかなあ。修学旅行のグループ研修は、せいぜい数時間だよ。そのためにわざわざ本を一冊買おうと思うかな。修学旅行には旅行会社が紹介パンフレットを用意してくれるし、インターネットでもいろいろ調べられるから、それで十分だと思う。

生徒A：たしかに。今の時代に売れる本を作るって大変そうだね。

生徒B：今回勉強したことを企画に生かさないとね。僕たちが企画するのは、売れる観光ガイド本だよね。まず、どういう年齢層に向けた本を作るかを決めないと。「K市を訪れる観光客の年齢層内訳」のグラフ（【資料2】）を見てみよう。

生徒C：これを見ると、みやび書房の本は売りにくくそうだよね。僕たちが売れる本を作るためには、最も観光客数の多い年齢層をターゲットに本を制作したほうがいいんじゃないかな。

生徒A：この層にアピールする本はどういったものだろう。みやび書房の修学旅行生向け観光ガイド本のどこを変えると、この層向けになるかって考えると、いい案が出るかもしれないよ。

生徒B：なるほどね。そういう観点で見たら、この層の人は、駅から自分の足で観光地まで歩くかな。

生徒C：歩くのは体力的に難しい人も多いかもしれないね。

生徒A：だとしたら、歩かない場合を考慮して、バスや鉄道、タクシーなどの情報を充実させるべきじゃないか。

生徒B：あと、この本には飲食店の情報が載っていないけれど、この層には、こういう情報も重要だよね。しかも、「量より質」の追求になるんじゃないかな。

生徒C：新しい観光ガイド本の企画の基本路線が見えてきたね。でも、こういう本はもうたくさん発行されているよ。ほかの本との差別化を図るために、みやび書房の本の、「歴史と文学を探る」というコンセプトを踏襲するといいかもしれない。今、大人の学び直しもブームになっていることだし。

生徒A：なるほど。この企画案ができたら、会社訪問のお礼の手紙の中に入れようよ。

【資料1】 修学旅行生数の推移（全国、K市）

【資料2】 K市を訪れる観光客の年齢層内訳

※資料1、2はいずれも第一学習社による創作。ただし資料1の「全国対象修学旅行生数」は、文部科学省「学校基本調査」による。

1 【会話文】に傍線部①「商品企画」とあるが、生徒たちは何の企画を立てようとしているのか。十字以内で答えなさい。

[　　　　　　　]

2 【会話文】の二つ目の生徒Bの発言について考えるために、次の問いに答えなさい。

(1)【資料1】のいずれかを入れて、文章を完成させなさい。

「減少」からわかることをまとめた次の文章の空欄①〜⑤に、「増加」

K市を訪れる修学旅行生数は、二〇〇九年に大幅な〔 ① 〕をして
いるが、翌年すぐに〔 ② 〕に転じ、その後は緩やかな〔 ③ 〕
傾向を示している。少なくとも観光ガイド本が出版された二〇一一年以
降は〔 ④ 〕していない。

一方、「全国対象修学旅行生数」は、二〇一一年以降一貫して〔 ⑤ 〕
が続いており、K市の傾向は全国の傾向と反していると言うことが
できる。

① 　　　　　② 　　　　　③

④ 　　　　　⑤

(2)【会話文】の生徒Bの発言中の空欄に、「正しい」「正しくない」のうち、
適当なものを入れなさい。

3 【会話文】に傍線部②「これを見ると、みやび書房の本は売りにくそうだよ
ね。」とあるが、生徒Cがこのように述べた理由として最も適当なものを
次から選びなさい。

ア 修学旅行生向けの本であっても飲食店の情報は必要であるのに、その
情報が書かれていないから。

イ 旅行会社がK市の紹介パンフレットを用意してくれるため、修学旅行
生が本を買う必要がないから。

ウ K市を訪れる観光客の中で、修学旅行生が含まれる二十歳未満の割合
が最も少ないから。

エ 「歴史と文学を探る」というコンセプトの本は、この本以外にも多数
発行されているから。

4 生徒たちが考えた企画の内容について、次の問いに答えなさい。

(1)生徒たちが企画のターゲットにしたのはどの年齢層か、答えなさい。な
お、年齢層はグラフの内訳に示された区分によること。

[　　　　　　　]

(2)生徒たちの企画の内容をまとめた次の文の空欄①・②にあてはまる語句
を、①は十二字程度、②は二十字程度で答えなさい。

コンセプト：〔 ① 〕。
基本路線…(1)の年齢層向けに〔 ② 〕の情報を充実させ、
ほかの観光ガイド本との差別化を図る。

①

②